松本大学の挑戦

—開学から10年の歩み—

松本大学創立10周年記念誌編集委員会

松本大学出版会

刊行にあたって

学校法人松商学園理事長　藤原一二

学校法人松商学園は明治三一年（一八九八）に木沢鶴人《きざわつると》が松本に創立した私塾戊戌《ぼじゅつ》学会がその根源となっている。

以来、現在の高等学校は「私立松本戊戌商業学校」、「松本商業学校」、「明道《めいどう》工業学校」、「松商学園高等学校」と名称の変遷をたどり現在に至っている。この間、昭和二四年（一九四九）度から三一年度までの八年間は中学校も併設していた。

学校法人松商学園は、昭和二八年度に長野県内初の私立短期大学として「松商学園短期大学」を開学し、地域社会の高等教育のニーズに応え、平成二四年（二〇一二）度をもって短大創立六〇周年を迎えた。この間、四九年間の短期大学運営を経た平成一四年（二〇〇二）、長年の念願であった四年制大学の開学に至ったのである。

学校法人松商学園は、平成六年度の松商学園将来計画特別委員会の「四年制大学構想」の答申に基づき、その後八年間の歳月を経て、松本大学を開学した。この間、大学名、学部・学科の内容、開設の場所、財源などさまざまな問題をクリアして開学に至ったのだが、開学に至るまでの詳細については松本大学松商短期大学部創立五〇周年誌『出発《たびだち》への軌跡』の「経営のキャンパス——松本大学開学まで」の章に詳述されているので参照されたい。

松本大学が開学した平成一四年当時は、すでに全国的に少子化が進み、特に短期大学においては入学定員を確保できない短大が増えつつあり、そのような時期に「今さら大学をつくるのか」という声も数多く寄せられていた。しかし、その後全国的に短期大学の四年制化が加速し、加えて文部科学省の大学設置基準の〝大綱化〟により全国の大学の数は増加の一途をたどった。そのため「大学全入時代」が到来し、短大に続いて四年制大学においても入学定員割れが進んだ。この結果、大規模大学と中小規模大学、都市部の大学と地方の大学との間の格差が顕著になり、特に地方の小規模私立大学は苦戦を強いられているのが全国的な状況である。

その中にあって、松本大学は地域密着型の大学としてし、全国的に課題となっている地域振興に大きく寄与してきたと自負しているが、この特徴的な教育により学生確保をしている典型例として高い評価を得ている。また、短期大学部も当初の心配をよそに現在まで定員を確保しており、全国の社会科学系の学科をもつ短大としては希有の存在として注目を集めている。

本書は、松本大学開学以来一〇年を経て、今にして語れる開学に至る苦労話や、独自の大学教育を展開してきた学内各部署の経緯を、担当者自らが語るものである。正式な大学史は後に編まれるであろうが、まずは開学一〇周年の記録としてお読みいただければ幸いである。

『松本大学の挑戦―開学から10年の歩み―』目次

刊行にあたって　学校法人松商学園理事長　藤原一二／1

第Ⅰ部　開学までの八年間――悪戦苦闘を軌道に乗せて

第一章　公私協力方式による松本大学誕生　元松本市企画室長　高橋慈夫／10

第二章　松本大学の初心――「開学宣言」　松本大学初代学長　中野和朗／17

第三章　開学当初の思い出　松本大学総合経営学部初代学部長　一寸木俊昭／26

第四章　大学設立「夢叶う」――四年制大学設置に至る過程　前学校法人松商学園法人事務局長　那須　誠／28

第五章　松本大学開学までを振り返って

一　松本大学開学までの軌跡　前学校法人松商学園理事長（故）深澤太郎／37

二　「地域」と「総合」　元松本大学設置準備室長　岩原正典／40

三　松本大学創立顛末記　元松本大学設置準備室　小林浩之／42

四　松本大学開学と同窓会新たなる出発　松本大学同窓会会長　横山公一／46

写真　松本大学の建築の足どり……………………／48

第Ⅱ部　開学からの一〇年間——地方・私立・小規模大学の奮戦

第四章　松本大学のモデルづくり――地域とともに育つ

表紙・扉絵　多田尚令
装幀　浜野幸多郎

第Ⅰ部

開学までの八年間

悪戦苦闘を軌道に乗せて

第一章

公私協力方式による松本大学誕生

元松本市企画室長（現学校法人松商学園常任理事・法人事務局長）　高橋慈夫

松本大学が公私協力方式により設置されるまでの行政としての取り組みについて、当時の行政窓口の立場として記録を残すべく、私自身のメモ日記を頼りに記憶をたどってみた。

大都市圏に人口が集中し、地方の過疎化が進むという二極分化の打開策として、第三次全国総合開発計画の定住圏構想を受けて打ち出された国土庁の「大学関係者のための学園計画地ライブラリー」が昭和五五年（一九八〇）に発足した。大学誘致を希望する自治体が登録を行い、国が地方に進出を希望する大学との仲立ちを行う制度である。大学誘致を起爆剤としての地方再生策であった。

㈠ 平成九年（一九九七）

私が松本市の四月の人事異動で企画室の課長に就任したとき、すでに周辺自治体においても、平成二年に茅野市に諏訪東京理科短期大学が開設され、さらに四年制大学を目指していた。また、塩尻市では学校誘致予定地である片丘の山林への進入路の建設が完成し、岡谷市では今井湯殿山のリゾート計画地への大学誘致を進めており、関係者のそれぞれの現地視察も行われていた。松本市でも寿地区の赤木山一帯のライブラリー登録を行っていたが、進展はなかった。そんな折、学校法人松商学園がかねてから検討を進めていた松商学園短期大学の四年制化について、深澤太郎理事長から有賀正市長に「設置する場合協力してほしい」旨の申し入れがなされた。

(二) 平成一〇年（一九九八）

二月末、長野冬季オリンピックが終了し、有賀市政二期目の折り返しを迎え、各部局の課題ヒヤリングが開始された。その中で四年制大学について松本市の活性化のためにも、公私協力方式により推進することが確認され、三役からも具体的な指示が示された。

五月には松商学園創立一〇〇周年記念文化講演会が、松本市・松本市教育委員会・学校法人松商学園の三者共催として開催された。

当時は公私協力方式においては、用地は地方公共団体が提供するのが一般的であった。五㌶以上の用地となるとそう簡単には見つからず、松本市全域から塩尻市まで足を伸ばして探した。五月二四日には日曜日にもかかわらず、市長も参加して一日かけて六か所の現地視察を行った。その後、学校関係者と早朝会議を行い、六月には合同の現地視察を行ったが、この頃は新村への建設計画はなく、四か所を候補地とした。

九月一八日には学校法人松商学園の理事会で、「(仮称) 松本大学国際経済学部」を設置する決議がなされたことで、一気に機運が高まり始めた。

九月二八日の新村地区との市政懇談会では、急遽新村地区から議題が追加提案となった。①松商短大の拡張整備について、②松商短大の跡地利用についての二件である。地元として大学を受け入れるか、跡地に工場か住宅かという議論から、大学誘致の意見が大勢を占めてきたため、建設計画の詳細について情報交換が行われた。この懇談会は後の新村地区への設置の流れとなった。

一〇月一七日、「松商学園創立一〇〇周年記念式典」が県文化会館で開催され、吉村午良県知事は「四年制大学実現に努力する」と述べ、有賀市長も「市としても県の協力を得て、大学新設への補助を予算化し、議会に提案する」との考えを明らかにした。

一〇月末には、神田視郷市議会議員から新村地区の意向について報告を受け、一一月六日山田實新村町会連合会長から新村地区への設置の陳情を受けた。その結果、学校法人松商学園の理事会において、最終候補地の今井と新村の二地区から、新村地区への設置を決定し、深澤理事長から市長に決定報告を行った。

一二月の定例市議会中に建設場所の決定が報告された。学校法人の新大学基本構想の総額六五億二千万円のうち、用地取得費に一〇億円が見込まれていたことから、債務負担行為として同額が市の予算に計上された。大学設置について市議会として賛意を表わす議案が提案されたが、意見として学校法人側の明確な財政計画を立てること、および建設計画に基づく慎重な対応を求めることが付帯され、議案は可決した。

㈢ 平成一一年（一九九九）

新年から新村地区の地権者への説明に入った。

二月一日には、特別地方公共団体の松本広域連合（一九市町村により構成）が認可されスタートとなった。

文部省（現文部科学省）との事前協議の中で、松本市から学校法人へ理事の派遣が望ましいとの意見が示され、六月一日に松本市の新井計夫収入役が法人理事に就任した。

六月の定例市議会一般質問において神田議員は、地元として誘致はしたが、一番不安である農村活性化土地利用構想による開発行為等法的手続きおよび見通しについて、松本市全体の土地利用計画を含め質問した。松本市ではすでに、和田・今井・洞の住宅団地と新松本臨空産業団地の開発計画があり、協議が整いしだい国へ申請する予定であった。

六月二四日には上條密門県会議員と関東農政局を訪ねたが、大規模の農地転用には厳しい指導が示された。「政府の方針は農地を守り、生産を高めることである。松本・安曇野は自然豊かで観光客も多いが、農地が宅地化され自然が食い潰されている。大事なもの、必要なものは何か、再度整理をされたい」とのことであった。

また長野県の担当者からも、「いま生徒が減少傾向である。四年制の大学が本当に必要か、経営者側がよく考えること。都会の大学が潰れる時代である。五年間でどこまで学校経営ができるかだ。県も多くの人からいろいろな意見を寄せられてよわっている。まともな計画を立てられたい」と、やはり厳しい意見であった。

しかし、いくつかの指摘事項をクリアし準備は着々と進められ、地元の建設対策委員会・松本広域連合の期成同盟会の設立準備会、県との補助金の協議、庁内関係一六課との協議、地権者会・学校法人との協議など、日々会議が開催された。

八月二五日には松本大学建設期成同盟会が、一九市町村の市町村長・議長、商工会・会議所会頭らにより勤労者福祉センターで開催された。

一〇月一三日には松本市の用地関係のベテラン職員である小林浩之主事が、大学設置準備室に派遣された。

一一月七日には、市長も出席のもと地権者の皆さんと土地購入の交渉を行い、一律坪当たり適正な価格を提示した。九日には全員同意の回答がなされた。

(四) 平成一二年（二〇〇〇）

その後、松本市議会、隣接の波田町議会、長野県議会への説明を行うと同時に用地交渉を進め、二月定例市議会において用地購入費一一億二三二万円の予算化が認められた。

期成同盟会構成の一九市町村からも人口割での補助金拠出をいただくこととなり、事務局の私と学校側から那須誠事務局長とで、説明を求められた明科町・坂北村・山形村・朝日村などの議員協議会へ出席をし、説明と答弁を行った。なかには議場での開催もあり、本会議さながらの雰囲気で、那須局長も大変な苦労をされたが、各自治体から理解をいただき、一九市町村から合計二億三千万円の補助金が決定された。

同時に長野県とも補助金の協議を進めた結果、吉村知事から四年間で二三億円の回答を得て、当初予定の県・地元自治体・学校の、三分の一方式が整った。しかし、この年の一〇月に知事選が行われ、吉村県政から田中康夫県政へと替わった。

(五) 平成一三年（二〇〇一）

県では補助金の見直しを行うとのことなので、松本広域連合・松本市・学校側は、松商学園短期大学中野和朗学長を中心に、知事および担当課への説明を繰り返した。

二月七日に知事の記者会見が行われ、予定どおり二三億円は決定したが、平成一三年度予算が六億円から五億円に一億円の減額となり、急遽松本市からの補助金一億円が増額となった。県からの補助金は最終的に平成一五年度で調整を行い、予定どおりの額となった。

用地においても学校用地提供者のみでなく、代替地の提供者、道路拡張のための提供者、そして地元の町会役員・市議会議員・農協役員など多くの方々の協力により、平成一三年一月二八日の大雪の中、松本大学起工式の運びとなった。

松本大学建設起工式（平成13年1月28日）

(六) 平成一四年（二〇〇二）

四月の開校に向け、設計・建設関係者はもちろんのこと、松本電鉄においても駅名の変更や駅舎の改修などの協力をいただき、公私協力方式の学校が開校された。

(七) 行政からの補助金

開校されるまでの補助金の状況は概算左記の表のとおりである。

［表］行政から松本大学への補助金の内訳

	長野県	松本市	松本広域
平成一二年度	七億円	一一億二三二万円	二億三〇〇〇万円（うち松本市一億一二〇〇万円）
一三年度	五億円	四億円	
一四年度	六億円	三億円	
一五年度	五億円	一億円	
合計	二三億円	一九億二三二万円	二億三〇〇〇万円

この他に周辺道路整備として松本市が四億八千万円、その後の人間健康学部開設においては平成一八～二〇年度に松本市から毎年一億円ずつの計三億円の補助がなされた。

松本大学も開校から一二年が経過し（平成二四年時点で）、地域の方々に愛される大学として成長している。これまで、教職員はじめ関係者の努力・協力はもちろんであるが、地域社会と大学の連携が密に行われ、地域大学としての役割をしっかり果たしてきている結果であると確信している。私もこうした大学の成長とともに、学校経営者の一員として図らずも携わることになったからには、さらなる発展に尽力する覚悟である。

（筆者は松本市職員を退職後、平成一九年四月から学校法人松商学園の法人事務局長に就任）

第二章　松本大学の初心——「開学宣言」

松本大学初代学長　中野和朗

(一)ものの弾みの〝采配振り〟

世の中には〝ものの弾み〟ということがままある。信州大学の定年退職を前に修学旅行前夜の子供のような気分でいた私のところに、降って湧いたような「松商学園短期大学」の学長職への就任の話があり、いつものことながら、脇の甘い弱点をもろに露呈し、寄り切られてしまった。すったもんだの挙げ句、お引き受けすることになったが、これなどはまさしく〝ものの弾み〟の典型であろう。

折しも松商学園では四年制大学を新設するという歴史的な大事業が進行していた。準備はすでに万端整って学園は一枚岩となって取り組んでおり、あとは「進め！」と、リーダーが采配を振りさえすれば良い段階であり、その〝采配振り〟をお願いしたい、というお話だった。なんだ！采配を振るだけでよいのか。お諏訪様の御柱でさんざんオンベを振ってきた。腕には確かな覚えがある。そのくらいのことならこの俺にもできなくはあるまいと、高をくくってお引き受けしたのであったが、それはあまりにも無邪気な決断であった。

松本大学設置準備室の開設（平成11年4月5日）

最初の理事会で世間知らずの人間の未熟さを存分に教えられることになった。格式が高く、仕来りを重んずる由緒ある旧家へ輿《こし》入れした初心《うぶ》な花嫁ごりょうのカルチャーショック体験のようであった。世の倣《なら》いどおり家風に沿ったお仕込みを存分にしていただき、ありがたくも二回りほど打たれ強い逞しさが身に付いた。お蔭さまで、周りの心優しい方々に助けていただきながら、なんとか定年まで勤めあげることができた。

不器用ながら曲がりなりにも采配を振るえるようになったのは、有能な信頼できる人材が結集した「松本大学設置準備室」が立ち上げられ、活動が本格化し出してからである。「準備室」は志を同じくする者たちが文字どおり一枚岩のように結束して、エンジン全開でフル回転のブルドーザーのようであった。

(二) オンリーワン大学

何か新しい事業を起こそうとすればどんな場合でも同じであるが、まず、何を？何故？どのように？が明確になっていなければならない。日本国中過飽和状態の大学群の中に新しく割って入ろうとするのであるからにはまず、大学開設許認可の府である文部省（平成一三年度から文部科学省）の承認を取り付け、資金援助を仰いだ関係各方面をはじめ、地域の方々を納得させるだけの魅力的で内容豊かな大学構想をまとめあげることが先決であった。〝金太郎飴〟のような大学を一つ付け加えても何の意味もないのである。

普通は、せっかく創るからには「ナンバーワン大学」を目指すのが当然である。しかし、現状の熾烈な〝大学ランク付け競争〟に参入するなど、無謀かつ愚かなことであり、ナンバーワン大学を追い落としてその座に座ることなどまさに妄想である。ならば、世間を驚嘆させずにはいないユニークな革命的特色をもった「唯一無二のオンリーワン大学」で打って出るほかない。それはどんな大学なのか？　それが「松本大学設置準備室」の最初に乗り越えなければならない最重要の課題となった。

(三) 〝幸せづくりの人〟づくり大学

それは、時代と社会が必要としているのにまだ実現していない新しい人材養成をおこなう高等教育システム構築への挑戦でもあった。困難ではあるが夢のある、苦労のし甲斐のある仕事であった。誰もが願っているのが「幸せ」であるとすれば、「〝幸せづくり」を志とする人〟づくり」を標榜する大学が一つぐらいあってもよいのではないかという提案が大方の賛同を得て、臆面もなく「〝幸せづくりのひと〟づくり大学」というキャッチコピーを打ち出すことになった。そこから、「地域立大学」「バリアフリー大学」といった「松本大学」独自の基本的性格づけも生まれた。

(四) 地域立大学

時代は経済構造、社会体制の新しい革袋を追求して、新しい世紀を迎えるに相応しい疾風怒濤の中にあった。大きな変革のうねりは、既成の大学のレゾンデートル（他者との優劣比較により得られる相対的な「存在価値」）そのものを激しく揺り動かしはじめていた。

バリアになってしまっている硬直した大学運営に関する諸規制の見直しが国家的プロジェクトとして始まっていた。長い時間をかけて権威づけられ不動のものとみなされていた既成の大学運営上の諸規定が見直された。その最たるものが「大学設置基準」の「大綱化」である。国立大学の「法人化」や大学事業・経営への「自己点検・評価」システムの導入などが矢継ぎ早に打ち出された。大都会へ大都会へと草木がなびく流れが強まれば強まるほど、相対的に「地域の風土性」の価値が増大する道理である。

折しも中央一点集中の弊害が指摘され「地方の時代」が鼓吹され始めていた。地域の期待を担い、地域の協力を得て、地域の「風土・文化」にしっかり根を下ろした地域に貢献する地域の大学を、この際一つのモデルとして構築しようという夢のあるプロジェクトへの取り組みが始まった。「私立」でも「公立」でも「国立」でもない既設の大学には皆無の「地域立」大学こそ、「唯一無二のオンリーワン大学」に相応しい形であり得るという確信が共有されることになった。

(五) 総合経営学部

「地域立大学」の学部・学科をどのような内容の枠組みにするかが次の問題であった。おびただしい案が現われては消え、消えては現われた。学校法人松商学園はそもそもが「松本商業学校」として誕生したのである。そういう法人が経営主体となる大学は文科系でも理科系でもなく社会系、とりわけ経済・経営系となることは当然の成り行きである。「経営学部」や「経済学部」が従来の社会科学系大学の基本型であった。しかも既設の大学には皆無の教育・研究分野を開発し、それを体現した構想であることが不可欠条件であった。

厳しい設立許容条件をクリアできる構想案が追及された結果、「総合経営学部」ということに決着を見た。数ある「経営学部」の中に「総合」を冠したものは見当たらなかった。「総合経営」というコンセプトは、折しも国家的プロジェクトとして強力に推進されていた「大学の規制緩和」の趣旨に副《そ》うものに思えた。

従来の大学の「経営」分野の人材育成は、産業界の要求に応えるものであり、「企業経営」が主流となっていた。しかし、時代はいまや「経営」の概念をそのような狭い領域に閉じ込めておくことを許さない状況になっていた。時代に則した新しい「経営」手法が、企業を含む社会的なあらゆる事業体それぞれに必要であることが模索され始めていた。身近な「家庭経営」から始まって、「町会経営」「学校経営」「病院経営」、さらには「福祉経営」「観光経営」等々広範な領域にわたって、個別に適切な「経営」手法が創出されねばならなかった。

そこで考え出されたのが「総合経営」という新しい「経営」概念であり、それを高等教育の機能的なシステムとして実現させようという、リスクを伴うが夢のある事業であった。かくして、新しいオンリーワン大学の独自の特色としての「総合経営学部」づくりが追及されることになった。

「松本大学」の開設申請に当たって文部省からまず求められたのが、前代未聞の「総合経営」についての説明責任を果たすことであった。それなりの苦労はあったが「大学設置基準の大綱化」の精神を受け止めた積極的な試行であることを了解してもらうことができた。「総合経営学科」と「観光ホスピタリティ学科」（平成一八年開設）という学科構成は「総合経営」の本質を具体化したものといえる。

㈥ バリアフリー大学

三つ目の課題は、既存の大学を諸規定がバリア化している現状に大胆に切り込み、〝バリアフリー大学〟を創ることであった。当然の常識として通用している事柄を変更することは難儀なことである。しかし「準備室」の闘士たちはひるむことはなかった。バリアフリーへの挑戦が次々におこなわれた。それを列挙すれば以下のとおりである。

①エイジフリー

一八歳から二二歳が、標準的な大学における修学年齢ということで常識化している。しかし本来、学ぶということに年齢など関係ないはずである。大学での修学ももちろん年齢などとは関係ない。何歳であろうと大学で勉学したいときに入学すればよいのである。お爺さんが孫と一緒に机を並べている風景が現われてなんの不思議はないのである。大学での学習はエイジフリーでなければならず「松本大学」ではエイジのバリアをフリーにすることになった。

②タームフリー

通常の大学の修学期間は四年という期間が常識とされ、これがバリアとなっていた。休学制度もあり四年と固定されているわけではない。しかし在学期間はウラオモテ八年が限度とされていた。個々の学生にはそれぞれ特殊な事情があるのだ。そもそも、修学に期間を設定する必然性などさらさらないのである。何年休学期間を取ろうと、何歳であろうと、復学したいときに自由に復学でき、学習が保障されて当たり前なのだ。在学・在籍期間をフリーにしてなんらの支障もない。こうして、タームフリーが導入された。

③キャンパスフリー

大学の管理領域がキャンパスであり、学習はその閉じられた領域内で行われるのが常識である。しかし、「地域立」であるからには地域全域がキャンパスと理解しても何の不思議もない。こうして地域全域を大学の活動領域として活用させていただこうということになり、通常の「キャンパス」を飛び出しての学習、「アウトキャンパス・スタディー」が生まれた。松本大学独自のブランドのひとつである。

④タイムフリー

学校というところは、朝八時始業、午後五時終業が一般的である。しかし、そうでなければならない必然的な理由はないのである。コンビニエンス・ストアーはこのような常識的就業時間のバリアをフリーにした先駆者である。大学がコンビニエンス・ストアーのタイムフリーに倣うのをはばかることなどさらさらないのである。固定的な昼食時間帯の設定をフリーにすることも含めて、従来の大学のタイムスケジュールをフリーにすることになった。

⑤その他

その他にもさまざまなバリアフリーの創意工夫がなされた。教員の研究室の一部をゼミ生の〝居場所〟として開放する研究室フリーもそうである。また、転入学・再入学・休学などについてのさまざまな窮屈な諸規定フリーにも取り組まれた。

(七) 開学宣言

地域の半端でない協力と学園打って一丸となっての努力の結果、幾多の厳しいハードルを乗り越えて松本大学は開学した。開学式に披露された「開学宣言」には松本大学設立の初心が謳い込まれている。「初心、忘れることなかれ」である。ここに改めて「開学宣言」を再掲し、その初心がさらに継承され、「〝幸せづくりのひと〟づくり大学」として「地域の生活必需品大学」から、電気・水道・ガスというライフラインのように地域に不可欠な「地域のライフライン大学」へと進化し続けることを期待してやまない。

松本大学開学宣言

地域挙げての声援と、大きな期待を背に受けて
一世紀を越える松商学園の伝統に育まれ、
松本の新しの里に
地域とともに歩み、
ともに育つ大学が誕生した。
エイジフリー、タイムフリー
そして、これまでの大学を閉ざしていた
あらゆるバリアからフリーである
地域に開かれた大学。
希望に満ちた幸せな
明日の地域社会創りへの貢献をこころざしとし、
オーダーメイド教育、アウトキャンパス・スタディ、

サポーターシステムの実践によって、
明日の社会を託せる〝ひとづくり〟を使命とする大学。
共同・共生を原理とする二一世紀に相応しい
新しい社会のマネジメント、
「総合経営」のアイデンティティーの確立と
「総合経営」のプロフェッショナルの育成を目指す大学。
地域の知的オアシス。
地域の隅々まで、人の温もりのある希望の灯を投げかける街の灯台。
人生へ旅立つひと、戻るひとが
四方から寄り集まる人の港《ヒューマンハーバー》。

松本大学はそんな大学でありたい。
ユニバーサル時代の大学モデル創りへの
限りなきチャレンジを誓い
ここに松本大学の開学を宣言する。

二〇〇二年四月二七日　　松本大学学長　中野和朗

（筆者は信州大学を定年退官後、平成一一年四月より松商学園短期大学学長に就任。同一四年四月から松本大学学長に就き、学長任期制に基づき同二〇年三月退任）

第三章　開学当初の思い出

松本大学総合経営学部初代学部長　一寸木《ちょっき》俊昭

松本大学は、平成一四年（二〇〇二）四月に総合経営学部総合経営学科の単科大学として発足した。私は、同年同月から完成年度終了の平成一八年（二〇〇六）三月まで、学部長を務めたが、校舎建設の予定地は当時農地（田んぼ）であり、しかも「優良農地」ということで、農地の転用には農林水産省の認可が必要で、その申請のために学部長予定者であった私は、平成一二年（二〇〇〇）四月に松本に着任した。詳しい事情は分からないが、そうするのが望ましいということのようであった。したがって私は、新大学発足までの二年間、松商学園短期大学の教員（教授）として、いくつかの専門科目を担当しながら、新学部のカリキュラムの編成や人事（新任教員の選任など）に関与した。女子学生が全体の八〜九割を占める短大で、新鮮な経験をした憶えがある。

文部科学省への大学新設の準備は平成一三年五月までに終了し、六月に関係書類を提出し、年末には新設の認可が得られたと記憶している。当時の学校法人松商学園の理事長は、深澤太郎氏であった。深澤氏は私が松本大学に移るにあたり、遠路わざわざ東京に出向かれ、先方に引き取りの挨拶をしてくださった。私が現在もなお長野県に在住しているのは、深澤氏のお誘いの賜《たまもの》と思っている。しかし、深澤氏は平成二四年（二〇一二）五月二六日に他界され、大学創立一〇周年を記念すべき日にお姿を拝見できなかったことは、誠に残念であった。

開学から平成一八年三月までの期間、私は必修科目の経営学総論（一年次科目）、選択科目の中小企業経営（三、四年次科目）と演習（ゼミナール）を担当した。経営学総論と中小企業経営の授業は講義形式だったが、ビデオ学習を併用し、学生も熱心に聴講してくれたと思う。演習は三年次と四年次の学生を対象にして、専門ゼミが開設された。私のゼミには一〇名内外の学生が参加し、二年間の学習の後、学生は卒業論文を提出して単位を取得した。ゼミ運営では報告・討論を実施し、まずまずの成果をあげることができたと考えている。学部全体としては、当初はTOEICを受験させ、英語力のある学生を育てようと目論んだが、残念ながら実行するに至らなかった。大学教育としては、もっと「学生参加」を重視し、「モチベーション」を高めるべきであったと反省している。

現在は、教員が一方的に物事を教え込むだけでは学生の勉学意欲を向上できず、教育の成果もあがらないと考えている。

その後の松本大学の動静については、私が申し上げるまでもないことだが、総合経営学部内における観光ホスピタリティ学科の増設、二学科を擁する人間健康学部の新設は大きな成果といえるだろう。しかし、現在の大学がおかれた状況は決して容易なものではない。松本大学と松本大学松商短期大学部が、教職員の協力と地域の方々の支援によって、次の二〇周年に向かい、さらなる発展を遂げることを心から祈念するものである。

第四章
大学設立「夢叶う」——四年制大学設置に至る過程

前学校法人松商学園法人事務局長　那須　誠

松本商業学校にかつて在職したある教員の回想によると、戦後の昭和二一年（一九四六年）、当時の松本喜一校長が年賀の席で「松商は将来、大学を設置して総合学園になる」と挨拶されたところ、居合わせた一同はおもわず哄笑したという。

しかし、これを機にいつの日か学園に大学を設置したいというひそかな願望が、学園関係者の心の底に夢として芽生え始めたのである。この夢はまず昭和二八年、松本市県《あがた》の学校法人敷地内に、私立として県下初の松商学園短期大学開学となって実現した。この短期大学を基盤として、幾多の困難を乗り越え、ドラマチックな紆余曲折を経て、松本校長の夢のメッセージから五八年後の平成一四年四月、ついに正夢として「松本大学」が誕生したのである。

私は開学間もない昭和三二年（一九五七）、松商学園短期大学に縁あって事務職員として奉職し、以来半世紀にわたり学園の黒子に徹することを本分として職務を全うさせていただくことができた。昭和五二年（一九七七）、短期大学の松本市新村《にいむら》地籍への移転を契機に、夢の総合学園としての松本大学創立への道が精力的に切り拓かれていったが、裏方としてその準備に関わった当事者の一人として、経緯の一端を次に記して責を塞ぐことにしたい。

㈠ 松商学園一〇〇周年記念式典

平成一〇年（一九九八）一〇月一七日、松商学園一〇〇周年記念式典が執り行われることになった。式典の前日、リハーサルが終わったところで、私は深澤太郎理事長と上條密門《みつと》理事長職務代理に呼ばれた。「準備された式辞が意に満たないので、書き直すように」との指示であった。あまりにも唐突なことで戸惑いを禁じ得なかったが、式典を翌日に控え待ったなしであった。式辞を準備した式典事務局の面子を配慮しながら、松商一〇〇年の輝かしい歴史と、未来を展望する「四年制大学構想」を公にアピールできる千載一遇のチャンスととらえ、これを正面切って式辞に盛り込まなければと意を決した。苦心惨憺、ない知恵を振り絞り夜を徹して書き上げ、翌早朝、深澤理事長の元に届けた。文面に目を通した理事長が柔和な表情で「ご苦労だった」と労《ねぎら》いの言葉をかけてくださり、ほっと胸を撫で下ろすとともに感無量であった。

式典当日、来賓として臨席された当時の吉村午良長野県知事と有賀正松本市長のお二人が、期せずして祝辞の中で松商学園の四年制大学設立への期待と激励を力強く述べてくださったが、この望外な祝辞が、それまで理事会をはじめ学園が、ややもすると今ひとつ及び腰であった松本大学の創設へと、拍車をかけてくれたのである。これも書き直した式辞の隠れた波及効果であったとひそかに自負し、苦労が報われた思いであった。

㈡ 大学設置基準の二大条件

当時、大学の新設には旧「大学設置基準」の規定する諸条件を十二分に満たしていることが前提条件であった。すべての要件について文部省の厳しいチェックをパスしなければならなかった。中でも最重要なのは次の二点であった。

①設置財源

校地・校舎などの建設費、図書・機器備品費、人件費を含めた具体的な収支見通しに基づく必要事業費、およびその財源の裏付けと準備状況などであり、これには借入金は認められなかった。

②学長を中心とした人事

学長をはじめ新設大学に必要な人事は、大学教職員としてそれぞれの配置に適格であるかどうかの審査用個人調書を含む準備が不可欠であった。スタッフの編成案と準備状況が「大学設置基準」をクリアしていなければならなかった。

大学開設申請のための準備作業は、時間との兼ねあいも計りながらの最も困難な作業であった。

㈢ 設立財源

文部省が定めた松本大学の開設費は、総額およそ五七億円であった。公私協力方式という形での長野県・松本市からおのおの三分の一を補助金として拠出していただけることになり、あとの三分の一を学園が自己負担することになった。文部省が積算基準に基づき算出した学園の負うべき自己資金額一〇億円は、学園がこれまで財産運用などで蓄積した財源を充てることになった。

有賀市長は、松本広域一九市町村にも松本大学設置について積極的な支援要請をしてくださった。私は法人事務局長として、松本市の高橋慈夫企画課長（現学校法人松商学園法人事務局長）と連れ立って広域自治体のすべてに、時には二、三回と粘り強く出向き、大学設立の趣旨説明を行った。各町村の議会全員協議会ではどこでも「学生確保」「経営見通し」「卒業後の就職見通し」などについての質問が異口同音に出された。それに対しては現短期大学の現状やいくつかのアンケート調査結果をふまえて説明責任を果たし、「帯はきちんと結びます。安心していただきたい」と誠意をこめて説いた。議員さんもその熱意を感じとってくださったらしく、最後は納得していただけた。

広域市町村議会では、一部議員から異論も出されたが、ある議員の指摘されたとおり住民一人当たり五百円に当たる補助金を確定していただくことができた。広域としては松本市の一億一二〇〇万円余を含めて、総額二億三〇〇〇万円であった。

㈣　学園の三億円目標の寄付募金

巷では次々と造られる松商学園の諸施設について新聞などで知り、「松商さんは天下の片倉が後ろ盾となり、またお金持ちの卒業生が大勢いるので多額の寄付がなされるから、資金が潤沢で経営は万全でいいですね」などと羨む声があった。それを聞けば気分は悪くはないが、苦笑せざるを得ない。

こんなことがあった。募金活動真っただ中のある日、松本市長から私は理事長とともに呼ばれた。市長は「県、市、および松本広域あげて精一杯の支援をしていることに鑑み、これを十分心に留めて、どうか学園として募金に遺漏なきよう努めていただきたい」と、学園の募金活動の状況に苦言を示され、募金目標達成への学園の果たすべき責任の重大さを諄々《じゅんじゅん》と説かれた。

募金委員長でもある深澤理事長は、直ちに学園役員をはじめとする募金委員全員に市長の言葉を伝え、さらに真剣な取り組みを要請された。学園はたまたま一〇〇周年事業に関わる募金活動の最中であったが、これを機に松商学園の面子をかけての学園一丸となった取り組みが加速した。理事長の個人としての一千万円を筆頭に、同窓会、校友会も全面協力した。中野学長も全教職員に対して書面でアピールするとともに、機会をつくっては普段でも高いトーンをさらに上げて、熱く支援を要請した。その結果、短期間のうちにほぼ全員が学長の要請に応えた。その見事なリーダーシップと力量に改めて敬服させられた。

深澤理事長は自ら代表を務める松本日産㈱の多忙な職務を割いて、県内企業はもとより、遠く東京・名古屋の企業にも足を運んだ。他の委員も仕事の傍ら粘り強く企業を訪問し募金活動に精を出した。どこからも、松本大学設置の必要性や理念には理解と激励の言葉はいただけたが、寄付については極めて慎重だった。なかには、理事長が自ら出向いたことに敬意を表し、半額ならと応じてくださった企業もあった。深澤理事長のお人柄によるものである。

私も学園の大先輩である神澤邦雄キッセイ薬品工業㈱社長（当時）にお願いすることになった。それまで複数の委員の面会を拒んでおられた神澤社長であったので、面会のアポイントを取ることの思案に暮れていた。そのころは目標額の達成が覚束なく、八方ふさがり状況になっていた。そんなとき、社長のご子息（当時キッセイコムテック社長）から電話があり、「社長が、那須局長となら会って話を聞いてもよい」と言っているとの連絡が入った。おっとり刀で本社へ参上し、社長に率直に窮状をお話し、精一杯真心をこめて募金のお願いをした。分刻みの超多忙な社長さんが、半日近い時間を費やし耳を傾けてくださった。真情を汲んでいただけたのか、企業として一千万円を出してくださり、加えて個人として二〇〇万円の寄付をしてくださることになった。帰り際には思いもかけず、激励の言葉さえかけていただき、胸が熱くなるのを覚えた。

かくして、深澤理事長を先頭に学園としてまさに背水の陣で臨んだ甲斐があり、総額三億円の資金調達の目途がつき、一連の募金状況と募金額を有賀市長に報告するに至った。報告を聞いた有賀市長の安堵の表情が実に印象的であった。計画の推進者として当事者とともに一番心配してくださったのは、有賀市長さんであることを実感した。法人事務局長として多くのさまざまな方々の善意とお力添えに対して感謝するとともに、このご恩は生涯忘れてはならない大切な宝と肝に銘じたことであった。

㈤　中野和朗学長の招聘

思い起こせば、松本大学が誕生できた最大の要因は、中野和朗初代学長の就任であったと言って過言ではない。中野学長は、信州大学教授を平成一一年（一九九九）三月定年退官され、お聞きしたところ、退職後の計画をすでにさまざまに立てておられた。松商学園短期大学では、赤羽賢司短大学長が平成一一年三月をもって退任されることになっていた。学園は一〇〇周年を機に四年制大学創設を検討中であり、初代学長の就任含みで短大学長の人選を進めていた。理事会も短大教授会も共同して候補者を手を尽くして探したが、手詰まり状態であった。

そんなとき、大学設置準備室スタッフの岩原正典教授から、信州大学同窓の中野和朗氏を紹介された。理事長の命を受けて、上條理事長職務代理とともに岩原教授の案内で中野和朗氏を訪ねた。

第一印象は、事前に聞いていたとおりの清廉潔白な活気みなぎるお人柄であった。定型化された国立大学教官とはまったく異質な雰囲気を感じた。それは分け隔てのない、人懐っこい庶民性といったもので、最初から親近感をもつことができた。一目で初代学長はこの人をおいていないと直感して、躊躇なく上條代理とともにひたすら就任を懇請した。その後、深澤理事長が中野学長と直接面会され、同じような好印象をもたれた。理事会に諮り必要な手続きを経て、平成一一年四月、松商学園短期大学学長として就任していただくことになった。

就任後、直ちに大学設置業務に就かれ、持ち前の行動力と飛び抜けた統率力をもって教授会をリードし、計画を力強く押し進められた。大学設置については、文部省も教員人事、とりわけ学長人事には慎重であり、審査が厳しかったが、中野学長に関しては一言も異論はなく書類が受理された。

㈥ 余談　その一

この学長招聘は理事会総意の要請であったが、東京在住の某理事がなぜか新大学の学長就任を強く希望し、それに松本在住の一部理事が共鳴し、一時期ではあったが、理事会が困迷する事態が生まれた。準備室スタッフは足しげく文部省を訪ね、着実に段階を踏んで指導を受けながら折衝にあたっていたので、適正な情報を得て事情に通じていたにもかかわらず、残念ながら声高に発言する某理事に振り回されたきらいがあった。開学時期が当初の平成一三年から一年遅れの一四年とならざるを得なかったのも、このような事情が主たる要因になっていた。まことに慚愧の至りであった。すでに故人であるが、この在京理事がなぜ松本大学の学長就任にあれほど執心したのか、いまだに理解不能である。

こうした中で、中野学長は松本大学のために時には理事会と激しく対峙されながら、体を張った献身をされ、一筋縄ではいかない教授会をまとめられ、なんとか学園に留まってお勤めくださったのは、懐の深いお人柄にも拠るが、深澤太郎理事長の温厚で誠実な人柄を信じられてのことと思われる。理事会も、中野学長は理事会の顔色を窺うだけの人物でないことを認識するとともに、本来のあるべきまともな姿にもどったのだと思われる。

それはともかく松本大学は、有賀松本市長、深澤理事長、中野学長の優れた人力とともに、三人のリーダーをサポートし大学創設に心血を注いだ多くのスタッフの力に拠るところが大きかった。

㈦ 余談　その二

開学が一年遅れたために、想定外の事態が発生した。吉村知事の後任として知事となった田中康夫知事が、すでに予算として確定していた二三億円の松本大学への補助金について、「予算執行保留の可能性」を言い出したのである。この発言は、大学建設計画そのものを水泡に帰させかねないものであった。田中知事の対応には中野学長がいち早く行動を起こし、理論武装とともに地域住民への事情説明を展開した。「松本大学設立を求める陳情書」の署名活動が地域住民の中から自然発生的に起こり、二万人を超える方々からの署名がまたたく間に集まった。本学関係者にとっては胸の熱くなる思いであった。署名は、中野学長と私で知事のもとに届けた。分厚い署名用紙を机上で見た知事は内心驚きであったと思われるが、表情には出さなかった。その後、県議会の全会派がそれぞれに状況調査に来学し、松本大学設立の必要性を見聞のうえ、県会でも予定どおりの予算執行が承認された。

田中知事と面談の際、知事は「県民益に叶う大学でなくてはならない」と強調したが、知事の「県民益」という言葉に象徴されていることは、松商学園は私学ではあるが、県民税からの補助金を受けたことによって、あまねく県民に責任を負うことになったということである。

その意味において、松本大学が公私協力方式によって設置された背景をふまえ、理事会も広域の自治体のみならず、広く長野県民全体を視野において運営していくことが必要となった。松本大学も開学当初から当然のごとく、自ら「地域立大学」を標榜して実践してきたことは、どれをとってもまさに「県民益」に叶うものばかりである。これは地域からも文部科学省（平成一三年から文部省を改め）からも高く評価されており、まことに喜ばしいかぎりである。開設準備期の辛苦も癒されるのを覚えるとともに、さらなる地域貢献に邁進されることを祈念するものである。

（筆者は平成一〇年三月から同一九年三月までの四期八年間、法人事務局長に在籍）

第五章　松本大学開学までを振り返って

一　松本大学開学までの軌跡

前学校法人松商学園理事長（故）深澤太郎

松本市新村に新築移転した松商学園短期大学
（昭和52年9月）

明治三一年八月商業教育を内容とした私立松本戊戌《ぼじゅつ》学会として開校された松商学園は、自主独立の建学の精神に基づき、一世紀にわたり高等学校教育、短期大学教育を実施し、地域社会に貢献してまいりました。

松本大学は二一世紀に入り、地域社会からの強い要望と、私学としての責務に立ち、創立一〇四年目の今年（平成一四年）四月、長野県、松本市、松本広域連合（松本市を含め一九市町村）をはじめとして財政界、地域の皆様方、校友の方々など関係各位のご支援、ご協力により設立、開学いたしました。紙面をお借りしまして感謝の意を表します。

松商学園短期大学三〇年史を繙きますと、短期大学部は昭和二八年四月に高等学校隣接地に開学しましたが、学生たちの独立キャンパス要望に応えるかたちで、昭和五二年九月、松本市新村に新築移転をしました。この頃から短期大学の将来のあるべき姿を模索するとともに、四年制への発展構想が浮上いたしました。昭和五七年八月の第四次将来計画答申書には「財政基盤の確立をはかりながら学科増、或いは四年制大学設立に向けて準備を進めていく。そのために、早急に資料収集、ビジョン策定の委員会を発足させる」とあり、短期大学の将来が方向付けられることとなりました。

開学当初の松本大学（平成14年4月）

久しく四年制大学発展構想は鳴りを潜めておりましたが、平成六年六月の将来計画特別委員会の「短期大学の四年制化」答申に基づき、一二月には四年制大学設置研究委員会が発足、約二年間の調査研究の結果、理事会に対して四年制大学設置の答申が提出され、平成八年一〇月の理事会で設立に向けた体制確立を決議しました。その後、新大学基本構想のまとめ、松本広域市町村等への支援要請、大学設置場所の選定、農地転用協議等、幾多の難関を乗り越えて、四年制大学「松本大学」が設立されたのであります。

四年制大学への発展構想から二〇年、これはひとえに高等学校および短期大学の健全経営の賜であります。松本大学は新設大学にもかかわらず定員を上回る二二五名の入学生が、また短期大学部においても定員を上回る二一九名の入学生が新生活のスタートを切りました。
しかしながら、平成一五年度以降の一八歳人口の激減を考えますと、厳しい事態が予想されます。したがいまして、松本大学を希望する「やる気」のある学生を慎重に選び、個々の学生を満足させる教育が必要であると考えております。

（「校友」第一二七号〈平成一四年一二月九日発行〉より抜粋）

開学式典における深澤理事長の挨拶
（平成14年4月27日）

二　「地域」と「総合」

元松本大学設置準備室長　岩原正典

松本大学創立一〇周年、松本大学松商短期大学部創立六〇周年、おめでとうございます。松本大学設立のお手伝いをさせていただいた者といたしましても、大変喜ばしいことと存じております。

しかも、少子化、大学乱立の中で、ヨタヨタでなく胸を張って歩んでこられたことは素晴らしいことだと思います。これも、大学設立時に侃侃諤諤《かんかんがくがく》の議論を重ね、関係者全員が共有した松本大学の進むべき道筋を、開学後の教職員はじめ大学関係者の皆さんが、真摯にかつ発展的に進んでこられた賜物だと思います。

設立準備が進められていたころは「国際」ばやりで、新しく設立される大学や学部には「国際」を冠するものが多くありました。私たちの検討過程でも「国際」が俎上にのぼりましたが、「地域に根差し、地域に開かれ、地域に有用な人材育成」をする大学であるべきだとして、時流に流されず「地域」に視点を据えた計画を進めました。そして、設立資金も公私協力方式で、松本市をはじめ当時の松本広域連合加盟市町村と長野県、そして地域の多くの方々の支援を受け、「松本大学」が設立されました。私たちが「地域」にこだわる所以でもありました。そして今まさに、「地域」が時流に乗っています。

学部名についても、当初「経営学部」が念頭にありましたが、企業経営に重点をおいた研究・

教育の拠点であった旧来の「経営学部」と一線を画して、「総合経営学部」としました。「経営」とは「企業経営」のみにあらず、「地域づくり」なども大切な目標であるとして、対象を広く捉えて「総合経営」という概念を導き出しました。当時としてはユニークな「総合経営学部」は文部科学省の審査委員からも期待と激励を受けました。

「松本大学」設立時の思い出はたくさんありますが、「松本大学」の進むべき道筋が決まった二つの事柄を披露して、「松本大学」のさらなる発展を祈念いたします。

（松本大学学報「蒼穹」第一〇八号〈平成二四年一〇月二九日発行〉より転載）

（筆者は平成一一年三月から松本大学設置準備室長に就任、同一四年三月退任）

三　松本大学創立顛末記

元松本大学設置準備室（松本市職員）　小林浩之

その日は、突如として訪れた。

平成一一年（一九九九）一〇月一三日、学校法人松商学園の深澤太郎理事長（当時）から、松本大学設置準備室の事務職員として辞令をいただいた。

余談だが、その日私は、松本市企画課職員と一緒に新村地区にある短大キャンパスへ公用車で行き、辞令をもらった後は市役所へ戻る予定だった。しかし「この後、簡単な顔合わせと打ち合せがあります」と告げられたため、引き続き打ち合せ会に出席した。会議は、最終的に設計業者との密な会議となり、戻りは上高地線の電車で帰るしかなくなっていた。初めて尽くしの忙しい一日だった。

松本大学設置計画において、大学用地は当初、松本市が確保することを前提に進められたが、結局、学校法人松商学園が事業主体となって確保することに落ち着いた。そのことにより、①松商学園が土地収用法で規定する「事業認定」を受けて用地取得をすること、②農地を大学用地に転用するには、農地法上の手続はもとより、農林水産省および文部省の事前協議をクリアすること、③さらに、開発行為など民間が事業を行う場合に必要な諸手続きすべてが求められた。大学の開学時期を平成一四年四月とした場合、用地取得に費やすことのできる時間は限られていた。

松本市はこうした状況を踏まえ、事業主体は松商学園とするが、用地取得に係る資金は全額負担するとし、用地取得についても市の用地担当部署が全面的にサポートすることとした。しかし、民間の学校法人が土地収用法の手続きにより農地を転用して大学を設置した例としては、かつて埼玉県の尚美学園大学の事例があったが、設置法人が事務・経費をすべて自己完結型で賄っており、行政支援を受けつつ民間学校法人が大学を設置する事例はないに等しかった。

私に課された業務はしごく明快なもので、①平成一二年秋までの約一年間で建設工事に着手できるよう、用地・代替地を確保し、土地に係る法的な諸手続きをすべて済ませること、②四〇億円を超える県・市の公的資金が投入されることについて、円滑な事務などを学校法人側で行うことの二つだった。当時私は、Uターンにより松本市に奉職してから八年目の三七歳で、公用地の取得業務を担当していた。この状況下で不安がなかったといえば嘘になるが、私には業務の難易度ではなく、むしろ「時間に余裕はない」という危機感が強く、同時に「できないはずはない」という思いも強かった。

結果としては用地取得も間に合い、公的資金も受けられ、平成一四年四月の開学を迎えることができた。この間、地権者・地元関係者・設計事業者・工事関係者、また国・県関係者をはじめ、何より松商学園関係者や市関係者、地域の方々の協力と支援があったからこそと感謝している。

そして何よりも、大学設置準備室が一丸となって、若輩の私を受け入れていただき、一緒に汗水を流し、歯を食いしばり、泣き、笑い、時には怒り、でも最後は「大学をここに創ってみせる」という気概で踏ん張り続けたこと、そして、大学への想いが新学部の設置などにも引き継がれ、一〇年の節目を迎えられたことに心から重ねて感謝申しあげたい。

松本大学の設置に関われたことは、私にとって大きな転機であったとともに、人生にとっても

新村遺跡発掘調査の現地説明会（平成12年）

周年事業として現地に設置された新村遺跡の記念碑（平成14年）

最大の成功体験となった。

最後に、エピソードを一つ紹介したい。

大学用地の造成にあたり、南西部の現野球グランドの辺りに埋蔵文化財の包含地があったため、発掘調査を実施して記録保存を行った。この発掘により検出された遺構は、平安時代から中世にわたる集落の一部であり、新村遺跡群に属していた。遺構を新村地区住民を含む市民に向けて一般公開したときのことである。市の発掘担当者の説明、質疑応答が終わり、最後に地元住民の方に一言感想を求めたときのことだった。

「私たちは、小さい頃このあたりを通って新村小学校へ通った。そして、芝沢小学校に統廃合されたことにより、跡地に松商短大がやってきた。今日この地が六〇〇年以上も前に、先人たちが脈々と暮らしてきた場所であることを知った。この遺構は、残念ながら形を失うことになるが、今度はここに将来を担う若い人たちが通う新しい大学ができる。ここで学んだ私たちが老いても、また若い人たちが自分の人生を拓くために集まってくる。歴史は引き継がれていくことに感慨無量である」と、高齢の男性が話された。

「開学から一〇年」、私を含め開学に携わった者は、松本大学が地域貢献を掲げ、先進性をもって受け入れられたこと、早い段階で新学部の増設や大学院の設置に至ったことなど、その目覚ましい発展を遂げたことにまさに感慨無量である。

新村遺跡の遺構図（『長野県松本市新村遺跡―緊急発掘調査報告書―』
〈松本市教育委員会・2003年3月〉より）
全体：約100～120m の間隔で溝により方形に区画
A、E 区：平安時代後期（10世紀末～11世紀）の住居・建物址群
B、D 区：中世（13世紀後半～14世紀前半）の新たな溝・田の開発址
C 区：平安時代前期（8世紀末～9世紀）の小さな集落址
※薄いアミは松本大学の敷地を示す。

それでも「想いは、将来に向けて馳せてほしい」と思う。

（筆者は松本大学開学を機に松本市役所にもどり、現在商工観光部健康産業・企画立地課課長）

四　松本大学開学と同窓会新たなる出発

松本大学同窓会会長　横山公一

平成一四年四月一〇日、松本大学に四四四名（松本大学二二五名、短期大学部二一九名）の新入生を迎え新しい体育館にて厳かに入学式が挙行されました。松本大学開学までの幾多の困難を思いめぐらせ、関係各位のご尽力、ご協力に改めて敬意を表し、感謝を申し上げたいと存じます。

さて、同窓会報第一七号において、私の同窓会長就任挨拶に、今後取り組むべき重要課題を挙げさせていただきました。就任以来、二年数か月、その経過報告をさせていただきます。

第一に、「短期大学同窓会と松本大学同窓会との統合、組織、名称の検討」に関しましては、平成一三年七月同窓会総会の中で、「松本大学同窓会」として一本化することが承認されました。

第二の「大学設立寄付募金活動」では、同窓生皆様方のご協力により、多くのご寄付を戴きました。紙面をお借りしまして、厚くお礼申し上げます。しかしながら、この募金活動は平成一五年一二月まで引き続き行われております。今後もできる範囲でのご協力を重ねてお願い申し上げます。

第三に「同窓会館開設」の件では、松本大学のご厚意により、一号館三階に立派な同窓会館がオープンいたしました。（中略）また、同窓会事務職員につきましても、松本大学職員との兼任でお願いしております。是非、皆様方の同窓会館ですのでご利用ください。

第四に「松商学園校友会との関係」では、平成一四年一一月一六日の松商学園校友会の臨時総会にて、念願の高等学校、大学の両輪で組織活動をする体制ができました。会長職責の重さを改めて感じております。

同窓会支部活動に関しましては、今後も検討を続けて参りたいと存じます。

このように、皆様方の絶大なるご協力により、大きな事業が次々と実現して参りました。今後は、平成一五年一〇月の松本大学松商短期大学部（松商短大）創立五〇周年を念頭に、更に、組織作りも視野に入れて、同窓会活動を進めて参りたいと存じます。なにとぞ、同窓生各位のご協力を賜りたくお願い申し上げます。

（松本大学同窓会報「フラップ」第一号〈通算一九号・平成一五年一月一日発行〉より抜粋）

写真 松本大学の建築の足どり

建築が始まった4号館・5号館校舎
（平成13年6月）

建築が進む4号館・5号館校舎
（平成13年8月）

空から見た開学2年目のキャンパス
（平成15年10月）

ヤマボウシの植栽も育ったフォーラム
（平成18年5月）

拡張建設された図書館
（平成19年2月）

6号館校舎まで建設されたキャンパス
（平成19年3月）

第Ⅱ部

開学からの一〇年間

地方・私立・小規模大学の奮戦

第一章　松本大学の開学

一　松本大学の船出——入学式・開学式典

(一) 期待を背負った第一期生の入学式

松本大学の第一期生の入学者数は当初の心配をよそに、入学定員二〇〇名に対し二二五名が総合経営学部総合経営学科へ入学した。

大学設置に関わる学生募集は認可時期の関係から、通常の大学より大幅に遅れて開始することとなるため、心配されていたが、教職員の必死の努力により県内高等学校の理解を得て定員を大きく上回る学生が入学する結果となった。学園関係者はほっと胸をなで下ろしたのであった。

これに先立ち、三月には新しく松本大学に就任する専任教員が集まり、泊まりがけで中野学長の松本大学の教育理念の説明を聞き、運営方法などについて打ち合わせを行った。全国から集まった新任の専任教員が新設松本大学の運営に期待と責任を感じて、熱心に討議している姿が印象的であった。

第一期生の入学式は平成一四年（二〇〇二）四月一〇日（水）に、新築なった第一体育館に大勢の来賓を迎え開催された。松本大学の中野和朗初代学長は「総合経営という未開の分野のアイデンティティーの確立を目指し、地域と一体となって、住み良い地域社会づくりに貢献することを志とし、二一世紀の新しい大学モデルづくりにチャレンジしよう！」と新入生を激励した。

(二) 開学式典

松本大学の開学式典は平成一四年四月二七日（土）に新築の五号館の大教室で、多数の関係者の出席のもとに行われた。

深澤太郎理事長は挨拶のなかで、「地域社会の多くの人々に支援されてできたこの松本大学の開学を感謝し、有為な人材を輩出して地域社会へ貢献したい」と話された。

続いて中野学長により開学宣言（前掲二四頁参照）が高らかに読み上げられ、式典は最高潮に達した。

(三) 記念講演会

式典に続いて、次のような内容で開学記念講演会が開かれた。

演題：松本大学、「総合経営」への期待

講師：ＮＨＫ解説委員　水城武彦

水城氏は松本出身で松本大学の客員教授でもあった。当日は本学が「総合経営」という分野の学問領域を設定したことにより、今後どのように展開していくべきかとの内容で講演をされた。

(四) 開学記念シンポジウム

記念講演会に引き続き、松本大学の教育の内容を紹介するためのパネルディスカッションが開催された。本学が新たな教育手法として取り組む教育サポーター制度とアウトキャンパス・スタディによりどのような学びを作るのか、新しい学びの可能性について本学学生、高校生、地域の

開学記念シンポジウム
（平成14年4月27日）

方々によりディスカッションが行われた。

テーマ：地域とともに〝学び〟を創る――サポーターシステムとアウトキャンパス・スタディの可能性

コーディネータ：住吉廣行（松本大学松商短期大学部経営情報学科長）

パネリスト：唐澤　敏（長野県犀峡高等学校教頭）
六井洋子（松本市田川地区福祉ひろば）
森山節子（松商短期大学卒業生）
大和哲也（松本大学総合経営学部一年生）
熊谷優作（松本大学総合経営学部一年生）
上條由利子（松本大学松商短期大学部二年生）
村田崇徳（長野県松本美須々ケ丘高校生）
清水邦彦（長野県松本美須々ケ丘高校生）
白戸　洋（松本大学総合経営学部教授）

助言者：里見　実（國學院大学教育学部教授）

講演、シンポジウムともに松本大学の地域貢献を目指すミッションを展望する内容であり、松本大学が大海に向けて「地域密着型大学」として大きく舵を切った瞬間であった。

（大学事務局長　小倉宗彦）

二　大学事務局の始動

㈠ キャンパスの引っ越し

松本大学の新キャンパスは平成一四年（二〇〇二）二月二二日に竣工し、二月二八日に引き渡しを受けた。四月に開学が迫っているなかで、わずか一か月で新校舎での体制を整えることとなった。

松本大学竣工祝賀式（平成14年3月23日）

さっそく三月一日（金）には、強化部として当初から計画していた硬式野球部の一期生新入部員を招き、野球場のグランド開きを行った。これは大学計画段階から松商学園関係者の強い要望により、硬式野球部を課外活動の中心に据えることとしていたもので、建設計画にも当初から野球場が入っていた。

引き続き三月二日（土）と三日（日）の二日間にわたり、松本大学の専任教員となる先生方を招き、松本大学の教育方針や運営について打ち合わせが行われた。いよいよ新大学のアクセルが踏み込まれたのである。

三月一九日（木）にはキャンパス内を報道関係者に公開し、三月二三日（土）には盛大な竣工式が執り行われた。深澤太

野球場のグランド開き（平成14年3月1日）

郎理事長、中野和朗学長ほか大勢の参列者によりテープカットがなされた。四号館と五号館との間の中庭に一二〇メートルの地下から汲み上げられた北アルプスの伏流水が流れる流水池があり、その池に沿って各方面から贈られた生花が飾られて竣工の祝いを華やかに盛り上げていた。

この竣工式の後、事務局は四月一〇日（水）の入学式に向けて、短期大学の事務局である一号館から、新装なった四号館に各部署ごとの引っ越し作業が慌ただしく進められた。さらにその間をぬって、松本大学の入学試験や短期大学の卒業式なども行われ、毎日が怒濤のごとく過ぎていった。

(二) ワンストップの事務局体制

松本大学の事務局は当初、四号館一階に、学生がワンストップで手続きが済むよう教務課・学生課・就職課・入試広報室が設定された。総務課は同じフロアの西側入口に受付窓口とともに配置し、さらに保健室も同じフロアに設けられて、事務局はワンフロアの体制となった。

この事務局において、大学・短大部のすべての事務をつかさどることとなり、大学の心臓部が構成された。また、旧短期大学事務室は学校法人松商学園の法人事務局として使用されることとなり、大学と法人との連携がスムーズに進められるよう図られた。事務局をワンストップ形式にすることにより、学生の利便性はもとより、各部署間で情報の共有がとりやすく、学生指導のうえでも機能性を発揮した。

松本大学開設当初の事務職員は、専任職員が法人事務局も含め一八名、嘱託・派遣職員が一〇人の体制でスタートした。当時の事務局は、事務長（当時はこの名称、現在は大学事務局長）、総務課長、会計課長、就職課長、学生課長、係長はなしという体制であった。

(三) 規模の拡大にともなう事務局の変遷

松本大学が完成年度を迎えた平成一七年（二〇〇五）度には、総合経営学部総合経営学科の中から「観光」「福祉」「地域」の課程を、新学科として独立すべく検討がなされ、「観光ホスピタリティ学科」の名称で届け出を行い、文部科学省より認可された。

これは、今後長野県にとって観光は重要な産業の柱となることが見込まれ、この分野で活躍する人材を育成することが、地域貢献を標榜する松本大学の使命であるとの強い認識から、この学科の設置に踏み切ったものであった。これにより平成一八年（二〇〇六）度から一学部二学科の体制となった。

さらに、大学開設当初から完成年度を迎えた後の学部増設の検討も進められていた。当初からスポーツに関する学科は想定されていたが、これに併設する学科についてはさまざまな分野が検討の対象となった。

薬学部などいくつかの学科を検討するなかで、当時、長野県に管理栄養士（註1）を養成する機関がなく、長野県栄養士会からも「長野県短期大学の四年制化は絶望的であるので、早く松本大学がつくってくれるならありがたい。特に松本につくることは信州大学医学部との連携も取りやすいので理想的だ」とのアドバイスもいただいた。当時は長野県とともに、山梨・富山・石川・福井の各県が管理栄養士養成課程の空白県でもあったため、管理栄養士の資格を取得できる学科の設置に踏み切ったのである。

このような経緯から、平成一九年（二〇〇七）度に人間健康学部を新設し、その中に健康栄養学科とスポーツ健康学科を設置した。新学部のために新たに六号館校舎が建築された。この学部も、高齢化社会を見通した「栄養」と「運動」による地域住民の健康づくりに貢献する人材を養成するという意味で、まさに本学のミッションである「地域貢献」に沿うものであった。

これらの規模の拡大にともない事務量が増加し、開学当初に設けたワンストップの事務体制ではスペースが足りなくなった。このため、人間健康学部の教務事務は六号館一階に移し、入試広報室は四号館二階に移動した。その後、学生の居場所づくりや研究室不足などの必要性から、平成二二年には四号館に接続するかたちで七号館が増築された。

この間、本学が文部科学省の競争的補助事業であるＧＰ（註２）などに次々と採択され、新事業を展開するために、専任職員・嘱託職員・派遣職員の数が年々増えて、ふたたび従来のスペースでは納まらなくなった。そこで、就職課を四号館一階から七号館二階の明るく広い部屋に移し、キャリアセンターと名称も変更した。さらにこの二階には基礎教育センターや「地域づくり考房『ゆめ』」も入り、人間健康学部の教務事務を六号館から四号館一階に戻して教務課を統一した。

また入試広報室は、学生たちが日ごろ活動している現場にいないと現場の感覚をつかみにくいとの判断から一階に移動し、新たに国際交流センターも置いて、学生課とともにこのフロアを占めた。

総務課もスタッフの増員にともない経理部門を四号館二階へ移動し、七号館一階には新たに健康安全センターも整備して、旧保健室からの移動となった。六号館一階の事務室はその後組織された「地域健康支援ステーション」の事務室となり、現在の事務局体制ができ上がったのである。

一〇年目の事務職員は、専任職員が三二名、嘱託・派遣職員が四三名と開設時の二・七倍となった。このように、人員の増加や部署の配置が分散したため、毎月事務職員会議や学生センター会議を開き、各部署の情報交換を実施することとした。一〇年目の事務役職は、大学事務局長、総務課長、管理課長、教務課長、学生課長、キャリアセンター課長、入試広報室長、情報センター課長、法人人事課長、法人経理課長に、係長が五名となっている。

開学からの一〇年間の事務局体制をみても、施設や職員数の充実が顕著に表われ、松本大学がいかに発展してきたかがうかがわれる。

（大学事務局長　小倉宗彦）

［註1］管理栄養士　栄養士の指導や、傷病者に対する療養のために必要な栄養指導などを行う人または資格。平成一四年（二〇〇二）施行の「栄養士法の一部を改正する法律」により、個人に対する高度の専門知識・技術を要する健康の保持増進のための栄養指導、特定多数を対象とした大規模給食施設などにおいて特別の配慮を必要とする給食管理、栄養士の指導・管理などの業務を行う。厚生労働省による管理栄養士試験の受験資格は、四年制の管理栄養士養成施設（大学）を卒業した者が有する。このほか栄養士養成施設卒業者の場合は、修業年数と実務経験の合計が五年以上の者などの制限がある。

［註2］ＧＰ（Good Practice）　文部科学省が、国公私立大学に対して、教育の質向上に向けた大学教育改革の取り組みを選定し、財政的なサポートや幅広い情報提供を行う事業。各大学などでの教育改革の取り組みを促進するため、「特色ある大学教育支援プログラム（特色ＧＰ）」、「現代的教育ニーズ取り組み支援プログラム（現代ＧＰ）」、および「質の高い大学教育推進プログラム（教育ＧＰ）」、「新たな社会的ニーズに対応した学生支援プログラム（学生支援ＧＰ）」がある。平成二一年度からは「大学教育・学生支援事業」のテーマＡ「大学教育推進プログラム」において大学教育改革の取り組みを推進している。

三　歴代学長の横顔

初代・中野和朗学長

初代・中野和朗学長

松本大学が開設される三年前の平成一一年（一九九九）度、学校法人松商学園は信州大学を退官された中野和朗氏を新大学学長予定者として、まずは松商学園短期大学学長として迎えた。中野学長は就任するやすぐに松本大学設置準備における陣頭指揮を精力的に務められ、学園内外や文部省に対し松本大学の設立の趣旨や教育理念を熱く語られた。特に開学前年の平成一三年、当時の田中康夫新知事の私大申請への県の補助金見直し発言騒動においては、田中知事に対し粘り強く設立の意義を説かれ、田中知事の気持ちを大きく揺さぶったことは印象的であった。

中野学長は、新大学を従来型の大学ではなく、信州でなければできない教育を実践し、地域に徹底的にかかわった、日本で唯一のオンリーワン大学を創ることを設立理念の柱において、さまざまな施策を自ら考案され、実施に移していかれた。

また、自身はドイツ文学者であり、とてもロマンチストな学長であったため、松本大学についての種々のスローガンを打ち立てられたのも、教職員のモチベーションを高めることとなった。そのいくつかの言葉を紹介する。

「幸せづくりの人」づくり大学
生活必需品大学
地域社会のヒューマンハーバー（人の港）
オーダーメイド教育
エイジフリー、タイムフリーの大学
地域の知的オアシス　等々

中野学長はまた、そば打ちを得意として、大学を訪れる来客を手打ちそばでもてなしたり、松本城で開催された「全国そばまつり」には、松本大学のブースを学生や教職員とともに出店したりして、「そば打ち名人の学長」として地域の人々の中に評判が広がっていった。さらに釣りや山菜採り、野菜栽培など非常に多趣味であり、日頃の激務の合間をぬってエネルギッシュに野外活動を楽しんでおられ、教職員はその収穫物の恩恵にあずかっていたものである。

この間、大学運営では観光ホスピタリティ学科の設置、人間健康学部の開設と地域に貢献する大学づくりの拡大路線に大きく舵を切り、みごとに成功に導かれた。

このように、少子化が進み全国の地方大学の運営が厳しくなる中で、中野学長は常に先頭に立ち精力的に大学をリードされたことが、今日の松本大学の強力な基盤を築くこととなったのである。

平成二〇年（二〇〇八）三月、中野和朗学長は自ら敷かれた学長任期制に基づき、九年間の学長職にピリオドを打ち退任された。

学長候補者の悲報

平成二〇年（二〇〇八）三月末をもって退任される中野学長の後任として、学園理事会は松本大学の客員教授で、松本出身のＮＨＫ解説委員の水城武彦氏を迎えることとなっていた。ところが、就任直前の三月に水城氏は病気のため急逝されてしまったのである。

理事会は急遽副学長であった住吉廣行教授を学長代行とし、平成二〇年度の舵取りを任せた。

第二代・菴谷利夫学長

学園は空席であった学長職に、松本市出身で元文部省教育助成局長、財団法人文教協会会長の菴谷《いおや》利夫氏を平成二一年度から第二代の学長に迎えた。

菴谷学長は、文部省ＯＢということもあり、高等教育に精通されたさまざまな提言を行ったが、その穏やかな性格が印象的であった。

第2代・菴谷利夫学長

また、松本市出身ということもあり、菴谷学長の広い交友関係により各方面の方々に本学は尽力していただいた。特に秋田の国際教養大学の学長をされていた故中島嶺雄氏とは高校時代からの盟友ということもあり、中島先生はしばしば本学を訪れて、本学の取り組みに高い関心を持たれ、「国際教養大学はグローバルに対応した大学、松本大学は地域に対応した大学として全国の大学のモデルになろう」とおっしゃっていただいたことが強く心に残っている。

菴谷学長は松本大学に大学院設置の必要性を強く説かれ、学園もこれに応えて大学院設置に踏み切り、みずから文部科学省との交渉にも出向かれ指揮をとられた。

また、登山が好きで、学長に就任されても山仲間とあちこちの山に登り、その健脚ぶりは健在であった。

ところが、菴谷学長は平成二三年（二〇一一）二月二八日（月）に文教協会の仕事で行かれた東京において、交通事故に遭われて急逝されてしまった。前日、松商学園総合グランドの竣工式を済ませ、「ちょっと東京へ行ってくる」と言われたのが最後の言葉となってしまった。自ら手がけられた大学院の開設を見ることもなく他界されてしまったのである。またしても松本大学は学長に関わる悲運に見舞われたのであった。

学園は菴谷家と松本大学の合同葬とすることにし、平成二三年三月六日（日）松本大学体育館において執り行い、各界から多数の参列者が出席され、菴谷学長の好まれた安曇野から見る常念岳をモチーフにした花祭壇に冥福を祈った。

学園理事会は菴谷学長の急逝により、またしても副学長の住吉教授を学長代行に任命し、平成二三年度の運営を乗り切ったのである。

第三代・住吉廣行学長

平成二四年（二〇一二）度からは住吉廣行副学長が学長に就任され、今日に至っている。

住吉学長は松商学園短期大学に昭和六一年（一九八六）四月、当時の松崎一学長に請われ東京大学原子核研究所から本学の専任教員として就任された。

住吉学長は平成四年（一九九二）度の短大の経営情報学科増設に始まり、松本大学開設、観光ホスピタリティ学科増設、人間健康学部開設、大学院開設と松本大学に関わるすべてのプロジェクト推進の中心として、専門の理論物理学のセンスからくる卓越した構想力で松本大学、松本大学松商短期大学部を背負ってこられた。

現在は、文部科学省、私立大学協会、県内私学協会の委員や役職をこなすかたわら、毎年数多くの大学運営に関する講演や執筆に追われ、全国に松本大学の名を広められたのは住吉学長の功績が大きいといえる。

そのポジティブな性格と緻密な発想、企画力により、今また松本大学をさらに発展させるべく大きく舵を切ろうとしているのである。


（大学事務局長　小倉宗彦）

第3代・住吉廣行学長

第二章　松本大学の発展――学科・学部の増設

一　大学運営の軌跡

わずか一〇年とはいえ、地方の新設・後発の小規模大学である松本大学にとって、これまでの草創期は、波瀾万丈と表現して決して大げさではないかもしれない。教育・研究・地域連携などいずれの分野でも、従来の大学とはかなり異なる試みを実践し、試行錯誤を繰り返しながら独自のスタイルを構築するところまでたどり着いた。ここでは、大学運営の核となる教授会、および運営の現場ともいうべき委員会を中心に、教授会議事録などをもとに、過去一〇年間を振り返ることとする。

(一) 緊張と期待の中での滑り出し

平成一四年（二〇〇二）四月九日、松本大学唯一の学部である総合経営学部の第一回教授会が開催された。総合経営学部の初代学部長である一寸木俊昭教授が議長を務め、総勢一六名という小さな教授会であった。総合経営学部の専任教員として名を連ねていても第一回目の教授会に出席していなかった方々が、他に一六名いたからである。開学初年度は、当然のことながら一年次生だけでスタートする以上、開講する授業科目も一年次科目だけとなるから、全専任教員のうち半数は、二年目以降に着任する予定となっていたのである。

現在の入学式は四月三日にほぼ固定されているが、開学初年度の入学式は四月一〇日に設定されていたことから、第一回目の教授会では翌日の入学式関連の事項も扱われ、総合経営学部総合経営学科として二二五名が入学する旨の報告がなされた。

これ以降、初年度の教授会では、大学開学にともなって必然的に発生するさまざまな手続きや、大学（学部）の内実を整えるための措置に関わる議題や連絡事項が数多く扱われた。就任予定教員の辞退などによる科目担当者の補充案件、したがって文部科学省との兼ね合いで早急に処理を要する事項などが、毎回のように議題となっていた。その一方で、学生が充実した大学生活を送っているか、松本大学としてふさわしい授業が展開されているかなど、学生の状況報告なども頻繁に話し合われていて、大学に迎えた初年度生に対して教授会が細心の注意を払っていた様子が見て取れる。各教員の意気込みが伝わってくるようである。

第1回合同教授会（平成14年4月9日）

また開学初年度から、松本市をはじめとする自治体から審議会などの委員への就任要請がかなりあり、そのつど審議事項として議題に挙げられていた。開学初年度であることを考えればやや意外でもあるが、短大での実績があってのことであろうし、地域社会からの期待の現われだったのであろう。

総合経営学科のアウトキャンパス・スタディ
（セイコーエプソン㈱にて・平成14年7月10日）

(二) 大学拡大の起点となる三年目

開学二年目、平成一五年（二〇〇三）度には教授会のメンバーは二三名となり、それなりに活気のある教授会となっていった。過去一年間の経験を踏まえ、大学運営に関する諸々の点で改善策が提案されることが増えはじめ、教員数が二九名となった三年目の平成一六年（二〇〇四）度には、大学を運営するうえでの組織や機構・人事面で変更や改善が加えられた。副学長が指名され、学部長以外に学科長が選出されることとなったのである。教職員数が増え、また学生数も増加することで大学が拡大するにつれて、学長と学部長のみの管理体制では行き届きにくい状況となっていたからである。大学の規程上は副学長も学科長も明記されていたものの、開学当初は単学部単学科でもあり空席とされていたが、二つのポストが充当され活用されたことになる。

教育面ではこの年（平成一六年）、高等学校「公民」の教員免許が取得できる教職課程を設置することが決議され、教員免許取得に向けた教育体制構築に着手した（「公民」課程の認可は平成一七年一月）。本学の教職関連教育はその後順調に拡大し、かなりの数の教科で免許取得が可能な課程へと発展した（本章「五　教職課程開設九年間の歩み」参照）。

開学した松本大学の運営を軌道に乗せることを最優先したことから、当初の総合経営学部は国際交流面には大きな力を割くことができずにいたが、それでも三年目には中国人民大学外国語学部との交流が開始された。協定書にもとづき、本学教員が人民大学外国語学部の研究誌に投稿することで、この交流は始まった。

大学の将来構想を練るための「将来構想検討会」（将来構想に関する委員会の前段階組織と位置づけられていた）が設けられたという点で、開学三年目の平成一六年（二〇〇四）度は重要な年だった。単学部単学科としてスタートして以来、その後の大学の拡大・拡充はすべてこの検討会から始まっており、すでにこの時、新学科・新学部・大学院の構想が浮上していたからである。検討会での議論をもとに、平成一六年度中に学長から、学科増・学部増、そして大学院設置の方針が教授会に示され、学園理事会に「将来計画委員会」が立ち上がった。将来計画に向けた手が矢継ぎ早に打たれ、早くも同年末には、学科増のワーキンググループ（観光関連学科とその他の二グループ）、学部増のワーキンググループ、学科・学部拡大にともなうコモンベーシック（社会人基礎力）検討グループ、以上四グループが動き出すこととなったのである。学科増については同年度中に観光関連学科の新設が決議され、平成一七年四月に「観光ホスピタリティ」の名称が決定した。

(三) 併行して進む大学の基盤づくりと拡大策

いよいよ松本大学として完成年度となる平成一七年（二〇〇五）度、松本大学の教育成果が問われる時を迎えた。初めての卒業生を社会に送り出すことになり、初年度生に対する地域社会の評価が「就職」というかたちで現われるからだった。松本平に発足した初の四年制私立大学とし

第１回卒業証書・学位記授与式
（平成18年3月18日）

て充分な就職実績をあげなければ、その後の大学拡大策すら崩壊しかねず、さりとて、就職活動の結果が出るまで将来計画を凍結するわけにもゆかず、というのが当時の状況だった。一方で大学が存続・発展するための基盤を固める年であるにもかかわらず、他方では固まったかどうかもわからない土台の上に新たなものを構築する、松本大学はその二つを併行して進めはじめたのである。

平成一七年（二〇〇五）度中に、新たなかたちで動く総合経営学科と、増設される観光ホスピタリティ学科の立ち上げに向けて数々の教員採用が実施され、教職教育でも発足予定の観光ホスピタリティ学科に「公民」「地理歴史」の課程を、総合経営学科には「商業」「情報」の課程を設置することが決まった（四教科とも平成一八年三月に認可される）。同年の秋には、新たな学部を「人間健康」学部とする方針も明確になった。

まずまずの就職実績のもとに第一期生を送り出した完成年度が過ぎ、松本大学は五年目の平成一八年（二〇〇六）度を迎えた。依然として唯一の学部である総合経営学部の教員数は三三名となっており、二学科体制となったことにともなう種々の手続きや運営上の措置で忙殺されたことは言うまでもない。さらに、二学部体制に向けた準備も加わっていたことから、大学が拡大しつつある実感を各教職員が持った。

松本大学が発足したとき、すなわち総合経営学部の発足時、学部運営のために設けられた委員会は、総務委員会・教務委員会・学生委員会・就職委員会・広報委員会・入試委員会・FD委員会（註）の七委員会と、短期大学部と総合経営学部を統括する企画室・情報センター・エクステンションセンター・地域総合研究センターの四部署だった。一〇年を経たいま現在、ほぼ五〇の委員会・部署があることを思えば、まさに隔世の感がある。

開学二年目には、短期大学部を含めた全学組織として新たに図書館運営委員会・センター入試委員会・セクハラ防止委員会・国際交流センターが立ち上がった。さらに三年目から四年目にかけて、危機管理委員会・個人情報保護委員会・基礎教育センター・教職センター、というように次々と新たな委員会・部署が加わっていった。松本大学が最低限の運営組織でスタートした以上、いずれの委員会・部署も、大学の成長と歩調を合わせて間髪を入れずに対応をとった結果でもあるが、大学を取り巻く環境や社会状況が急速に変化しつつあり、松本大学に限らずいずれの大学でも、新たな状況に対処する組織が求められていたことが背景にあった。

㈣　必要となる全学的判断

いよいよ、六年目の平成一九年（二〇〇七）度からは、総合経営学部に人間健康学部が加わり、二学部体制がスタートした。人間健康学部は健康栄養学科とスポーツ健康学科の二学科で構成されており、家政・体育系に医学系を加味したような性格の学部ということもあり、総合経営学部とはかなり趣を異にしていた。そのため、両学部共通の仕組みを導入しながらも、それぞれ独自の考え方に沿った組織構成が混在していた。それぞれ異なる学部である以上、独自性を尊重したうえで、大学として一本化する部分が必要なこともまた、紛れもない事実だった。

二学部になってからの一、二年間、人間健康学部には二年次生までが在学するだけだったので、両学部間で大きな齟齬《そご》は生じなかったが、人間健康学部の完成年度が近づくにつれて学部間の円滑な調整をどのように図るのかが課題として浮上しはじめた。学生を社会に送り出すにあたり執られるべき措置や考え方が学部によって異なるのは、むしろ当然といえる。

そこで、松本大学委員会組織の大きな変更が実施されることになったのである。簡潔に言えば、全学的な情報交換と事前調整を兼ねた緩やかな会合として全学運営会議（学長・学部長・研究科長・事務局長で構成）が毎週開催されるようになり、同時に、それまでも理事を加えた全学的協議・意思決定機関の場であった全学協議会を、学長・学部長・研究科長・事務局長による学内的な決定機関と位置づけた（全学協議会は原則として毎月開催）。これに併せ、各委員会も正式には全学的委員会として組織し直され、全学的な判断に基づいた協議・決定が第一に考慮される建て前となった（委員長は全学で一名、いずれかの学部所属者が任命される）。各学部の委員会は、全学委員会の学部部会として位置づけられることとなった。開学一〇年でたどり着いた、ひとつの見識であった。

（総合経営学部長　木村晴壽）

［註］ＦＤ（Faculty Development）委員会　教員が授業内容・方法を改善し向上させるための組織的な取り組み。

二　観光立県にふさわしい学科を目指して
――観光ホスピタリティ学科の増設

平成一八年（二〇〇六）四月、総合経営学部観光ホスピタリティ学科が新設された。当時、国の観光政策に基づく観光立国推進基本法の立案や長野県観光立県政策などによる観光事業や政策の見直し、および地域振興における観光の役割の再認識とともに、近い将来求められる可能性の高くなった観光分野における人材の確保および育成が唱えられていたことが背景にあった。

観光ホスピタリティ学科開学科前のシンポジウム（平成18年3月）

㈠ 新たなる挑戦――画期的な観光教育を目指して

そもそも、豊かな自然環境や文化伝統に育まれた長野県では、観光産業の規模は農業よりも大きく、地域経済を支える大きな力になっていたにもかかわらず、高等教育の現場では系統だった観光産業向けの人材育成プログラムが存在していなかった。松本大学が地域のための人材育成を目指して設立された大学であることから、観光分野に対する人材育成プログラムの設置は当然のなりゆきだったといってよい。

観光ホスピタリティ学科の開学科記念式典
（平成18年4月27日）

加えて、少子高齢化が進む地域が抱える街の活性化や、福祉社会の実現に向けての大学に対する期待は、全国的に見ても大変ユニークな観光カリキュラムを可能にすることとなった。すなわち、他地域では類を見ない恵まれた自然環境と文化的な背景をフィールドに使った地域福祉（幸せづくり）と従来型観光理念を統合することで、環境と共生する観光と万人向け着地型観光のあり方を研究し、これを支える人材を指導するためのセンター基盤を提供するという試みである。

このため、学科名称を「観光ホスピタリティ学科」として、バリアフリー観光や社会福祉士養成カリキュラムなど、いわゆる観光産業ばかりではない将来の観光の社会的役割を研究する学科として、地域住民の大きな期待を背負って世に問うこととなった。ホスピタリティ（hospitality 分け隔てなく旅行者を歓待する心）という用語は現代社会において強く求められている〝人の心と心をつなぐ〟ためのキーワードとして学科名に加えられた。つまり、モノづくりから人づくりへと時代が変化しつつあるなかで、豊かな心を育むこととそれを支える技術の習得が、これからの観光教育にとって不可欠な要素になるという信念が学科設立理念となり、県内を中心に学生募集が開始された。

(二) 地域を実践教育のフィールドとして

初年度以降、観光ホスピタリティ学科を目指す学生たちの目的意識は非常に明確であり、単なる総合学問というより、恵まれた環境の中で生き生きと観光や福祉を学び、地域との共同作業などを通じて、地域密着型の学びの場を広げていく拠点となっている。大学創設以来の理念であるアウトキャンパス・スタディや教育サポーター制度がこれほどぴったりはまった学びの分野はほかに類を見ないのではなかろうか。学生たちは、地域の住民としてこの長野県を誇りに感じ、自らの社会的責任や可能性を学びつつ、視野を海外にまで広げながらこれからの長野県を背負って立てる実践型人材となるべく学びを続けている。

観光ホスピタリティ学科のアウトキャンパス・スタディ（岐阜県白川郷）

(三) 地域色豊かなホスピタリティ観光の教育

本学科の設置以降、社会人向けホスピタリティ講座の開講や県内各地における観光事業推進事業への参加と指導、また、地域全体のホスピタリティ向上のための各種講座の開設、長野県や自治体との協働による各種の事業企画など、これまでにない取り組みが展開され高く評価されている。また、地域づくり事業においては、消費弱者の救済事業実践や松本ならではの特産品づくりなど、今では地域においてなくてはならない存在にもなり、その成果が研究活動や授業の中に活かされている。

(四) 卒業生の就職先

観光ホスピタリティ学科の入学生は、長野県中信地区出身の通学者を中心に、下宿生活をする長野県各地や隣接県の出身者など多岐にわたっており、中には、宮城県や北海道からの学生も見られる。就職先は、おもに長野県内を中心に旅行業や宿泊業、交通機関などの観光分野ばかりではなく、接客やコミュニケーション能力が要求される多様な職業にわたり、地域の若い活力として貢献している。

学科開設以来八年目（平成一五年現在）を迎え、全国的にも観光分野に向けての人材育成に取り組みが盛んになるなかで、自然環境や生活文化などのフィールドを活かして地域とともに成長する特徴ある学科としてその存在感が高まってきたが、今後地域の国際化を見据えてさらなる発展に向けてさまざまな取り組みが検討されているところである。

（前総合経営学部観光ホスピタリティ学科長　佐藤博康）

三　健康維持を目指す栄養教育とスポーツ教育
――人間健康学部の増設

平成一四年（二〇〇二）四月、総合経営学部総合経営学科の単科で開設された松本大学が、平成一八年（二〇〇六）四月、完成年度を迎えるのを待って、総合経営学部に観光ホスピタリティ学科が増設された。さらに健康栄養学科とスポーツ健康学科の二学科で構成される人間健康学部が創設されたのは、その翌年の平成一九年（二〇〇七）四月のことであった。

人間健康学部の開学部記念式典（平成19年4月1日）

㈠ 住吉廣行・廣田直子・根本賢一による趣意書の作成

厚生労働省が絡む健康栄養学科を含んでいることから、スポーツ系には短期大学部に根本准教授（当時）がいたが、栄養系についての専門家がいないことがネックとなり、その補強がポイントとなった。そこで、総合経営学部で完成年度後の将来計画が議論されていた平成一七年秋に、長野県立短期大学の廣田直子教授に白羽の矢を立て、面談にうかがった。廣田先生は長野県栄養士会などと相談の結果、「Ｙｅｓ」の返事をいただけたのは約一週間後のことであった。「県短大が四年制の大学化することはもう考えられない」「県短大の教員にとどまらず、長野県全体の栄養教育を担うように四年制大学で頑張りなさい」と、県栄養士会の諸先生方から激励されたことが決め手となったようだ。

ここから設立へ向けての本格的な準備が始まった。小倉事務長（当時）を設立準備室長に据え、副学長（当時）の私（住吉）が趣意書を、廣田（栄養）、根本（スポーツ）の両氏と相談しながら執筆した。そのために読破した書籍はかなりの数に上り、それなりの趣意書に仕上がったと思う。その出来映えは、創設後の学部運営は基本的にこの趣意書に沿って行われており、①初年次を除き学生募集も順調であること、②開学部二年目が終わったばかりのときに、廣田教授が申請したGPが早くも採択されたことなどによって、裏付けられていよう。

(二) 学部・学科のコンセプト

「食」と「運動」による健康づくりを担う人材育成に主眼をおき、健康栄養学科では「栄養士」「管理栄養士」「栄養教諭」「フードスペシャリスト」「食品衛生監視員」「食品衛生管理者」などを輩出する。スポーツ健康学科では「健康運動指導士」「健康運動実践指導者」「保健体育教職免許」「養護教諭」「第一種衛生管理者」「レクリエーション・インストラクター」「レクリエーション・コーディネータ」のほかに、地域における運動の普及・振興を図る人材を育成する。このようなコンセプトを柱に両学科の協働で地域全体の健康づくりを担う学部として発足させようと考えていた。

各資格を取得させることができる認定校としての条件をクリアするため、県の健康福祉部の支援を得ながらの厚生労働省との交渉を始め、赤羽研太（食品）・中牧沙夜香（運動指導）・小林輝行（教職）らの交渉事務担当者や教職センターの大活躍もあって、徐々に成果を挙げていった。

(三) 厚生労働省との交渉

特に難しかったのはやはり厚生労働省への説明であった。審査の主担当者が副担当者に「これで本当に来年四月に開学するつもりなの？」と、あたかも我々に聞こえるように話しかけていたことを紹介するだけでも、当時の状況がお分かりいただけるものと思う。「卒業研究をやっている暇があれば、国家試験対策をすべきではないか」などと言う厚生労働省の担当者の言葉は、文部科学省との指導姿勢の違いを私たちに思い知らせた。地域連携教育も松本大学の特徴だと勢いよく話したが、「それをどの授業の中でやるつもりですか？」と素っ気なく、管理栄養士必修の科目名を挙げるものなら「この授業ではそんなことは要求していません」と一喝されそうなので、「二年次のゼミナールなどを利用しまして……」と小さな声で答えるのがやっとだった。教員を探しに行った先では高名な先生から「素晴らしいコンセプトだ」と誉められてはいたのだが。

「一日限定レストラン」で地域の方々へランチ
（平成20年10月11日）

(四) 苦労を重ねた教員募集

やはり教員集めに困難を極めた。「給食経営管理」「臨床栄養学」「病理学（医師）」などは当初から予想されていたとおりの難しさだった。長野県内はもちろん新潟・東京・埼玉・神奈川等々、中野・小倉・住吉と手分けして精力的に訪ね歩いた。一時は途方に暮れ、開学は一年延期になるのではと深刻に考えることもあった。小倉事務局長の執念は凄まじく、鈴木久乃前日本栄養士会会長に無理やり就任をお願いし、最終盤にきて中島美千代、発地雅夫先生に着任いただき、ようやく厚労省・文科省のハードルをクリアできた。松本市の財政的支援や長野県栄養士会の支援も力強いものがあった。これだけ苦労したので、赴任してくださった先生方には、それぞれに深い思い入れがある。

(五) 臨地実習先と就職先の確保

健康栄養学科における臨地実習先として、給食センター・保健所・病院などさまざまな種類の職場を用意する必要があった。また、卒業後の就職先を確保するため、キャリアセンターとの連携で企業などに大学紹介と本学卒業生の持つ資格や技術などを紹介して回るという地道な努力も欠かせなかった。

これまでの社会科学分野の経営系とはかなり異なる、理系的要素を持った学生の紹介ということで、いろいろなところで職員の対応姿勢にも変革が求められた。しかし、そうした事態に対応した甲斐があって、人間健康学部はこれまでのところ、おおよそ趣意書に沿ったかたちでうまく展開できていると思われる。卒業生の評判も良く、今のところ良好な就職状況が続いている。

（学長　住吉廣行）

四　大学院健康科学研究科の開設

(一) 設置に向けた動き

人間健康学部が完成年度を迎える平成二三年（二〇一一）三月を前にした平成二一年夏ころから、就職活動を意識しはじめた学生の中からも、大学院があれば進学したいという要望が出ていた。また教員の中にも、理系的要素の強い学部では大学院を持つことは特段不思議なことではないという思いも強くあった。そこで理事会の了解のもと、副学長の住吉廣行（スポーツ側）を設置準備室長とした体制ができ上がり、山田一哉教授（栄養側）を実務担当者に据え、村松宰健康栄養学科長を研究科長予定者とする構想で大学院研究科の開設に向けて文部科学省との交渉に入った。

(二) 文部科学省との交渉

最大の問題点は、健康栄養学科とスポーツ健康学科の二つをもつ学部を基礎においた大学院の研究科が、どうして一つになってしまうのかということであった。「食」と「運動」「休養」という「健康」をテーマとする二つの学科を協力させながら、基礎科学の分野にもウイングを広げ、健康を科学的に研究するという学際的な「健康科学研究科」だというだけではなかなか納得してもらえなかった。

二つの学問分野を融合する大学院としての基礎科目を設置するなど、山田一哉教授たちの考えを取り込んで、私たちの論点を補強するだけではなく、当時の人間健康学部の片庭美咲教務事務

【図】松本大学大学院健康科学研究科「健康科学」の学び

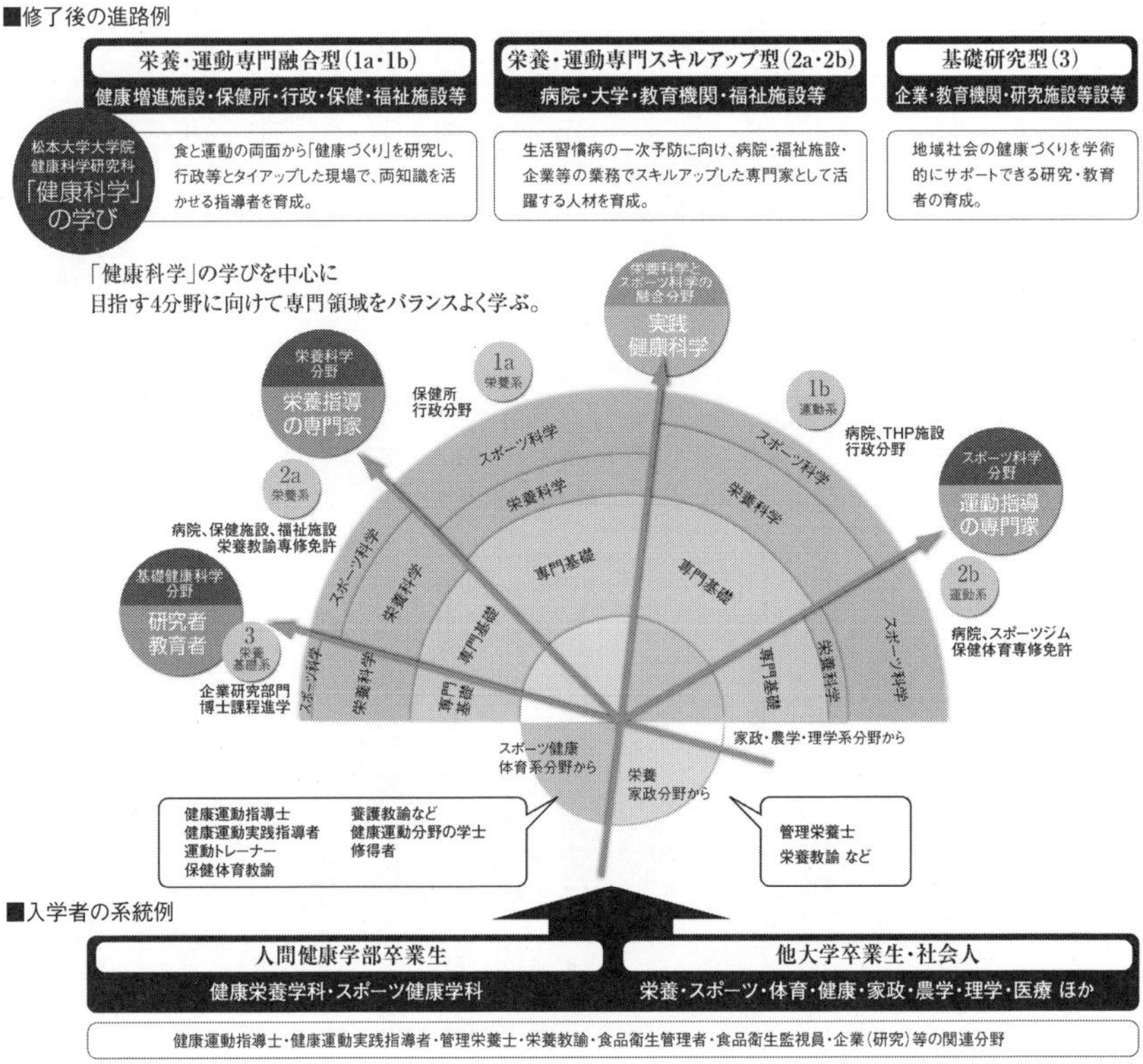

担当に、それらを集大成した研究科のコンセプトをうまく図に表現してもらった（上の図参照）。これによってようやく平成二二年秋に認可が下りたのである。修士課程（二年）の終了時には、健康科学修士の称号が与えられる。

一方、担当教員については、村松宰・進藤政臣・三村芳和・酒井秋男・山田一哉の五名の教授と、根本賢一・呉泰雄の二名の准教授との計七名で、無事スタートすることができた（研究科の完成年度を迎えた後、村松研究科長と酒井教授は退任され、その後に廣田直子・江原孝史・杉山英男の三名が新しく研究科に着任し、三村教授が研究科長に選任されている）。

建物については、新たに学生向けに用意された七号館の三階部分を、大学院生の研究に供する部屋、講義室、一部教員の研究室などに利用した。ついでに触れておくと、二階部分はキャリアセンター、基礎教育センター、地域づくり考房『ゆめ』、教職用の学習室などが配置され、一階は多目的なラウンジとなっていて、生協購買部も入って利用度はかなり高くなっている。

大学院・大学・短期大学部合同の第1回入学式
（平成23年4月3日）

㈢ 認可後の状況――学生募集と就職活動

さて初年度は開設年度でもあり、募集活動は認可後の解禁であったため、定員六名に対して三名の入学にとどまったが、翌年は社会人も含め七名の入学があった。この大学院は、現役学生の進路先というだけではなく、社会の複雑化にともなってもっと深く学びたいという社会人が増えているが、そのようなニーズにも応えられる研究科であるという認識が強まっている。社会人に便宜を図るために、講義も履修状況に応じて夜間開講も数多く行われている。

また就職活動においても、大学の助教としての採用、企業の研究職、行政など、その高いレベルでの学びを活かした分野へと進出している。

大学院健康科学研究科の実験風景

毎年行われる動物供養祭（平成26年5月21日）

(四) 今後の課題

健康科学研究科では、入学時点で修士論文作成に当たって、どの教員の指導を受けるのかをあらかじめ決めている。そのため、研究科に属する教員の専門分野以外を専攻する学生に対しては、極端に言えば門戸が閉じられているという状況である。これを克服して多くの院生を迎えるためにも、大学院の教育スタッフの充実が課題となっている。

（学長　住吉廣行）

五　教職課程開設九年間の歩み

(一) 本学教職課程の設置

「松本大学設置準備室」において、設置準備の段階で教職課程設置について議論されたが、教職課程の検討は見送られ、創設当時は未設置であった。

平成一五年（二〇〇三）一二月、「本学における教職課程設置は可及的速やかに実施される必要がある」との中野和朗学長の発言により、第六回全学協議会に教職課程の設置が提起され、翌平成一六年一月の第七回全学協議会において、教職課程設置については平成一七年四月の開設を目指して、文部科学省に課程認定申請を行う準備に入ることが了承された。

平成一六年二月の臨時教授会において、左記の「松本大学教員免許課程設置準備要綱」が了承され、平成一六年四月から松本大学教員免許課程設置準備室が設置されることとなった。

「松本大学教員免許課程設置準備室」要綱

設置の目的：松本大学総合経営学部に「教員免許課程」を平成一七年四月一日開設を目途に準備を進めるために、「教員免許課程設置準備室」（以下準備室）を設置し、業務の円滑化を図る。

業務の内容：文部科学省への教員免許課程認定申請に関わる必要な業務全般を取り扱う。

体制：準備室統括責任者＝学長

準備室長＝新任（学部の専任教授、「教職に関する科目」担当者）

室員＝学部長、学部教務委員長、短期大学部教務委員長、事務長
　必要に応じて統括責任者は室員を指名することができる。

組織：［学部教授会との関係］
教員免許課程は、総合経営学部に設置されるものである。したがって「準備室」の業務については、すべて学部教授会に報告され、必要に応じて審議を求め承認を得なければならない。

［全学協議会との関係］
「準備室」の業務について、必要に応じて全学協議会に報告されねばならない。また、全学に係わる事項については、全学協議会にフィードバックし、協議を求めるものとする。

組織図：

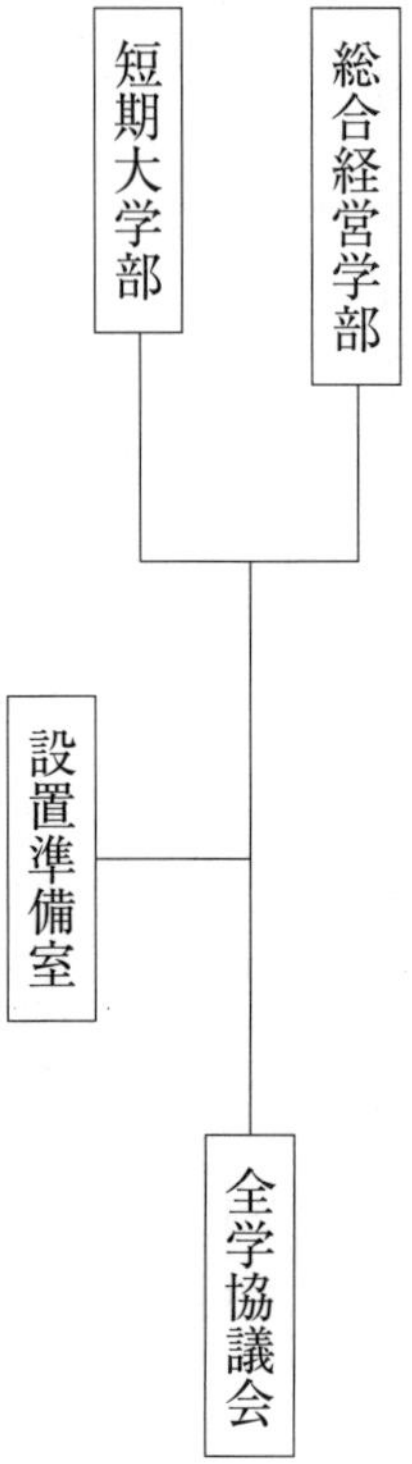

設置場所：当面は学長執務室内に置く。必要に応じて他の適当な場所に移す。

平成一六年四月八日、第一回教員免許課程設置準備室会議が開催された。「松本大学教員免許課程設置準備室」の構成は左記のとおりである。

統括責任者　中野和朗　学長
準備室長　小林輝行　総合経営学部教授
委　員　住吉廣行　副学長・短期大学部教授
委　員　一寸木俊昭　総合経営学部長
委　員　木村晴壽　総合経営学科長・総合経営学部教務委員長
委　員　石井房枝　短期大学部教授
委　員　小倉宗彦　大学事務局長
事　務　中牧沙夜香　事務局主事

当初の予定では、「公民」「商業」「情報」の三科目の課程認定を同時に行う計画であったが、当時の松本大学の状況から、「公民」一科目の免許課程の設置を先行して行うことにした。平成一六年九月に文部科学省に課程認定申請を行い、平成一七年三月二九日付で文部科学省から認可されたとの文書が届き、本学において免許教科「公民」の教職課程が初めて開設されることとなった。

その後、この「松本大学教員免許課程設置準備室」は、免許教科増設の推進組織とし平成二一年（二〇〇九）三月まで存続した。なお、本学の教員免許課程設置に関する詳細については、小林輝行『地方私立大学における教員免許課程設置に関する問題点と今後の課題』（松本大学教職センター・平成一七年）、および『地方私立大学における教員免許課程設置に関する問題点と今後の課題（Ⅱ）』（松本大学教職センター・平成一八年）の報告書を参照されたい。

㈡ 教職センターの設置と「公民」免許設置当初の状況

松本大学の教職センターは、平成一六年七月一四日の総合経営学部教授会において、「教員免許課程の設置と同時に新設する」ことが了承され、平成一七年四月から教職課程発足と同時に設置された。組織的には、学長直属の独立組織として位置づけられ、教職センター長一名（併任）、教育学分野教員一名、心理学分野教員一名、センター兼任教員二名（総合経営学部教務委員会代表一名、「教科に関する科目」担当代表者一名）の、計五名の教員で構成された。教育学分野教員が教職センター長を兼務したため、実質的には四名の専任教員でスタートした。

教職センターの当面の主要な業務内容は、

①教員免許課程カリキュラムの編成
②教育実習に関する業務
③教職志望者への相談・支援活動
④教員免許取得並びに教職への就職に関する相談
⑤教員採用試験に対する「特別講座」の開設
⑥教員採用者関係への訪問ならびに情報収集

（平成一六年七月一六日総合経営学部教授会資料より）

とされた。これに基づき、教職センターは、教職課程の水準維持と管理、教育実習、教員免許取得希望者への相談・支援活動の業務にあたることとなった。

当時こうした独立組織としての教職センターの設置の必要性については、大半の大学はあまり関心がもたれていなかったが、現在、中教審答申や文部科学省において教員養成の質的向上を図るため、教職センター的な教職課程を担当する独立組織の設置を教職課程をもつ各大学に強く求めてきている。本学では教職課程発足当初からこうした将来的展望に立って独立組織として発足させており、そのため他大学に比し、小規模な地方私立大学としては例がないほど多様な教員免許課程を設置することができたのである。

発足当初の教職センターの管理運営組織としては、「教職センター会議」が設けられ教職センター専任教員二名、総合経営学部教務委員会代表一名、「教科に関する科目」担当代表者一名、教務課長一名、教職担当事務一名で構成された。このセンター会議によって教職センターの管理運営の基本方針が決定され、この基本方針に基づいて教職センター活動が展開される仕組みがとられた（この「教職センター会議」は、平成二四度からの大学の組織改革により、「教職センター運営委員会」に改められ現在に至っている）。

教職課程履修申込者対象の説明会
（平成17年4月6日）

発足当時、本学に教職課程を設置しても履修する学生がどれほどいるのかと危惧する声が学内に少なくなかった。しかし、初年度の教職課程履修申込者は、関係者の努力により一年次生二二名、二年次生二四名、三年次生一一名、四年次生四名の、合計六一名となり関係者を安堵させた。

㈢　免許教科の増設

①学部改組と「地理歴史」「商業」「情報」の設置

本学では、平成一八年（二〇〇六）度から学部改組を行い、これまでの総合経営学部総合経営学科を総合経営学科と観光ホスピタリティ学科の二学科に改組することになった。こうした学部改組の準備に併せて、平成一七年二月の教員免許課程設置準備室会議において、改組後の総合経営学科に「情報」と「商業」、観光ホスピタリティ学科に「地理歴史」と「公民」（この教科は前年すでに開設されていたが、新学科に開設するため再度課程認定が必要であった）、計四教科の免許課程認定を、平成一八年度開設に向けて申請する方向で準備を進めることになった。

文部科学省との二回にわたる事前相談を経て、平成一七年九月、上記四教科の課程認定申請を行った。申請後の文部科学省からの要請に基づく開設科目の調整やシラバスに関する修正を経て、平成一八年四月、計四教科の免許課程が開設された。なお、「商業」の免許状が取得できる大学は長野県内では松本大学が初めてで、現在も県内では本学が唯一である。

②大学改組と「保健体育」「栄養教諭」「福祉」免許の設置

平成一九年度より大学改組が行われ、総合経営学部の他に新たに人間健康学部が設置されることになった。この新学部の設置に併せて、新学部の人間健康学部スポーツ健康学科に高等学校一種「保健体育」、健康栄養学科に同一種「栄養教諭」の免許状の課程認定を行うことになった。また、これらの免許状に加えて、総合経営学部の観光ホスピタタティ学科に新たに高等学校一種「福祉」

の免許の課程認定を平成一八年九月に申請した。

文部科学省からの要請に基づく申請書類の修正後認定され、平成一九年四月、新学部の発足と同時に三つの免許課程が新たに開設された。なお、長野県内の大学では一種「栄養教諭」の免許状が取得できるのは本学が唯一である。

③中学校教諭と養護教諭免許状の設置

これまで松本大学には中学校免許課程がなく、教職課程履修者の教職への就職面からみた場合、高等学校に限られていて厳しい状況下におかれていた。当時、こうした状況を打開するためにも中学校免許課程の設置の検討は不可欠な課題であった。また、教職課程履修者からも中学校免許状を取得できるようにしてほしいとの声がしだいに大きくなり、すでに高等学校「地理歴史」と「公民」の免許課程が設置されている総合経営学部観光ホスピタリティ学科に中学校一種「社会」、前年高等学校一種「保健体育」が設置されている人間健康学部スポーツ健康学科に中学校一種「保健体育」の免許課程認定を行う方向で準備に入った。

また、かねてからの懸案課題であった養護教諭免許課程の設置に対して、課程認定申請に必要な人材確保の見込みが立ったことから、これらの中学校教諭免許課程と同時に養護教諭免許状の課程認定申請を行うことにした。平成二〇年（二〇〇八）七月、中学校教諭および養護教諭免許状の課程認定申請を行い、同一二月、文部科学大臣名で認可通知があり、平成二一年四月から総合経営学部観光ホスピタリティ学科に中学校一種「社会」、人間健康学部スポーツ健康学科に中学校一種「保健体育」と同一種「養護教諭」の免許課程が増設された。なお、一種「養護教諭」免許状が取得できるのは県内で本学が唯一の大学である。

④「保健」免許の設置

養護教諭免許課程の設置にともない、養護教諭免許状取得者の就職面の問題が課題とし浮上してきた。都道府県によっては、養護教諭の採用にあたって、養護教諭免許状と看護師資格とを併せ持っている者という条件を付している場合があり、養護教諭免許状だけでは、就職に不利な状況におかれる場合が出てきている。そこで養護教諭免許状の付加価値を少しでも高める方策として「保健」の免許課程の設置が検討課題となった。

教育委員会、学校現場などの関係者と接触し情報を収集した結果、「保健」免許は、学校現場ではその必要性があるわけではないが、養護教諭が「保健」という教科の免許を持っていた方が、教育委員会や現場の管理者の立場からみた場合、何かと好都合であるとの情報を得たこと、また、他大学においても「保健」免許を設置し、養護教諭免許取得者に「保健」免許を併せて取得させているという例があることなどから、松本大学においても、養護教諭免許取得者に取得させる目的で「保健」免許課程を設置することとした。平成二一年六月、中学校と高等学校の「保健」免許の課程認定を行い、平成二二年一月、文部科学省から認可が下り、平成二二年四月から中学校および高等学校一種「保健」の免許課程をスポーツ健康学科に増設した。

⑤専修免許の設置

平成二三年（二〇一一）四月、人間健康学部に大学院健康科学研究科が設置された。これに併せ中学校および高等学校「保健体育」と「栄養教諭」の専修免許課程を開設する準備に入り、課程認定申請作業を進めた。しかし、文部科学省は、教員免許法関係法規に則った専門科目のみが教職課程の専修免許状の教職科目として開設できるという立場で対応していたため、松本大学の研究科の開設科目計画では、教職課程の専修免許科目の開設が厳しい状況下におかれた。

そのため初年度の専修免許課程の設置は見送り、研究科が設置された後の平成二三年七月、専修免許状の教職課程の開設科目の見通しが立ち、右の二専修免許状の課程認定申請を行った。申請後の文部科学省からの要請に基づき、開設科目の調整やシラバスの修正などを経て、平成二四年二月に認可され、平成二四年四月から大学院健康科学研究科に中学校および高等学校「保健体育」と「栄養教諭」の専修免許課程が設置された。三名の院生が専修免許課程を履修しており、平成二六年（二〇一四）三月には、本学において初めてこれら三名が「栄養教諭」の専修免許状を取得した。

中学校での教育実習（平成26年6月18日）

⑥小学校教諭二種免許状取得支援プログラムの設置

現在、小学校だけでなく、中学校・高等学校への就職が厳しい状況にあること、また近年の大都市周辺における小学校教員の多数採用と教員不足状況に鑑み、本学においても小学校免許状を取得できる方法を検討してきた。しかし、通信教育課程をもつ大学との協定に基づき、小学校教諭二種免許状を取得させるためには、かなりの費用を履修者が負担することになるため、これまで履修する人数などの関係から開設をしばらく見送ってきた。

平成二四年度になり、小学校免許状を取得したいとの教職履修者からの声がしだいに強くなり、スポーツ健康学科において、小学校二種免許状を取得させたいとの機運が高まったことから、通信教育課程を持つ大学と提携して小学校免許状を取得させる制度を設置するため、提携先大学について情報収集を行い、検討を重ねた。その結果、平成二五年四月、明星大学と教育業務提携を締結し、二年次生から四年次生までの本学在学中の三年間で、小学校二種免許状を明星大学の通信教育により取得できる「小学校教諭二種免許取得支援プログラム」を開設した。

当初、小学校教諭二種免許状の取得費用として三年間で三八万円を履修者が負担するため、この通信教育による支援プログラムを開設しても、果たして履修申込者がどれほどいるのかまったくの手探り状態であった。幸い初年度である平成二五年度の履修者は、総合経営学部一名、人間健康学部六名の計七名、平成二六年度の履修者は、総合経営学部三名、人間健康学部一一名の計一四名の申し込みがあり、履修者数ではおおむね順調なスタートとなった。教職センターでは、この支援プロクラム履修者全員が卒業までに小学校二種許状を取得できるように、組織面・授業面における十分な相談・支援体制の整備を図ることを当面の重点課題としている。

㈣ 教職センター教員構成の推移

前述したように本学教職センターは、実質的には教育学分野教員一名、心理学分野教員一名の計二名で、教職課程設置に必要な最小必要教員数で出発した。次頁の「松本大学における年次別教職課程履修者数」表から看取されるように、年々教職課程履修者数が増加し、二名の専任教員では教職課程履修者に対して充分な支援が困難な状況になってきた。また、文部科学省や学校現場から教職課程をもつ大学に対し、実践的指導力を身につけた教員を養成することが強く求めら

［表］松本大学における年次別教職課程履修者数（平成26年10月30日現在）

	1年	2年	3年	4年	学部合計	科目履修生	大学院	総数
平成17年	22	24	11	4	61			61
18年	17	24	23	11	75	2		77
19年	89	23	28	19	159			159
20年	73	80	19	18	190	1		191
21年	49	77	73	14	213	2		215
22年	63	51	58	69	241			241
23年	99	69	50	55	273			273
24年	63	100	60	36	258		3	261
25年	71	67	85	47	270		3	273
26年	65	61	55	67	248			248

れるようになったため、平成二〇年四月、嘱託専任教員として高等学校長退職者を一名採用し、平成二五年四月には、中学校長退職者を新たに一名嘱託専任教員として採用した。これにより教職センターは、専任教員二名（平成二五年度は、次年度二名の専任教員が退職するので、円滑な教職センター業務引き継ぎのため臨時的措置として三名）、嘱託専任教員二名の計四名体制となり、教職履修者の支援体制および教職課程の質的水準の向上に向けて整備がなされた。

　平成二六年（二〇一四）度は、本学教職課程設置一〇周年を迎えるため、卒業生に対するアフターケアーの観点からも、本学における教員免許更新講習の開設について検討する時期にきている。「教育の最新事情」（一二時間以上）の必修科目および「情報教育」などの選択科目（八時間以上）を本学のセットで開設するためには、現職教員指導の中核としての「教育方法・内容分野」の専任教員一名の整備が必要不可欠である。大学の地域貢献という点からも、本学におけるセットでの教員免許更新講習開設は今後避けて通れないことから、「教育内容・方法」分野の専任教員整備の早期実現が望まれる。

梓友会の結成式（平成23年4月）

㈤ 梓友会の結成と公立学校教員の誕生

本学卒業生の教職界への進出は、年々増加してきた。特に平成二二年度以降は、数名の卒業生が教職に就いている。こうした状況の中で平成二三年四月、教育関係に勤務している本学卒業生の会「梓友会《しゆうかい》」が結成され、その会員数は四五名に達している。現在（平成二五年）、平成二五年度卒業生で教育関係機関への臨時採用講師などの希望者が一五名前後いることから、平成二六年四月には、教育関係機関に勤務する本学卒業生の総数は優に五〇名を超えることは確実な情勢である。

加えて本年（平成二五年）実施された平成二六年度教員採用選考において、本学卒業生五名が合格した。これまで私立学校の正規教員として活躍している卒業生は七名いるが、公立学校の正規教員は皆無であった。そのため公立学校の正規教員を本学から輩出することが、教職センター並びに関係者の長年の懸案であった。今年度、これまでの卒業生たちの努力と関係の先生方の支援とがみごとに結実し、一挙に五名の卒業生が長野県の高等学校と中学校、宮城県の中・高等学校、千葉県の小学校にそれぞれ合格した。平成二六年四月には五名の公立学校教員が誕生し、本学教職課程もようやく一人前の教育課程として認知されるに至り、今後の発展の基礎をおおむね築くことができたということである。

（教職センター長　小林輝行）

第三章　松本大学スタイルの探求

一　機関別認証評価（第三者評価）の受審と適格認定

(一) はじめに

松本大学は平成二一年（二〇〇九）一〇月二二日、二三日の二日間にわたり、日本高等教育評価機構による機関別認証評価（通称「第三者評価」、以下認証評価という）を受審した。

平成一六年（二〇〇四）四月、文部科学省は大学の質保証の観点から、学校教育法第一〇九条第二項に「大学は当該大学の教育研究等の総合的な状況について、政令で定める期間ごとに、文部科学大臣の認証を受けた者による評価を受けるものとする」と謳い、認証評価が法制化された。また、学校教育法施行令において、認証評価の政令で定める期間は七年以内と規定している。

本学は平成一四年（二〇〇二）四月、総合経営学部総合経営学科の一学部一学科で開学し、平成一八年（二〇〇六）四月、同学部に観光ホスピタリティ学科を設置し、二学科体制とした。さらに平成一九年（二〇〇七）四月、新たな教育研究分野として人間健康学部を設置し、健康栄養学科とスポーツ健康学科の二学科を置いた。これにより、現在の二学部四学科体制が整った。

第一回認証評価の受審は、大学創立八年目、人間健康学部開設三年目を迎えたときのことであった。

(二) 評価の流れと結果

認証評価の受審にあたっては、学校教育法第一〇九条に定める自己点検・評価の適正な実施が前提となる。本学においては、法制化以前の大学開設年度から組織的な自己点検・評価に積極的に取り組み、教育研究の向上および円滑な大学運営に資する活動を着実に積み重ねてきたことをここに特筆しておきたい。

平成二一年五月一八日、審査機関である日本高等教育評価機構との事前相談を経て六月末、認証評価受審のための自己評価報告書を提出した。本報告書は審査の対象となる次の一一項目について本学の現状や取り組みを記し、さらに大学として積極的にアピールする特記事項を加えたものであった。

基準一：建学の精神・大学の基本理念および使命・目的
基準二：教育研究組織
基準三：教育課程
基準四：学生
基準五：教員
基準六：職員
基準七：管理運営
基準八：財務
基準九：教育研究環境
基準一〇：社会連携

日本高等教育評価機構からの認定書と報告書
（平成22年3月24日）

基準一一：社会的責任

大学としての特記事項については、本学の使命・目的を基盤とする本学ならではの地域連携教育の実践例として、文部科学省学生支援GP「新たな社会的ニーズに対応した学生支援プログラム」に採択された「地域づくり考房『ゆめ』」の活動を記した。

平成二一年一〇月二一日、二二日の実地調査は、日本高等教育評価機構が派遣した五名の評価員と二名の機構職員により、本学が前掲の各基準を満たしているかについて、提出した自己評価報告書に基づき審査するかたちで実施された。その結果は、「平成二一年度大学機関別認証評価報告書（案）」として、平成二二年（二〇一〇）一月、日本高等教育評価機構から本学に提示された。その後、報告書に対する本学の意見が聴取され、同年二月、最終的な評価報告書としてまとめられた。

平成二二年三月末、「大学基準を満たしている」ことを証する認定書が三月二四日付で交付された。なお、適格認定期間は平成二一年四月一日から平成二八年（二〇一六）三月三一日までである。これを受け、速やかに公式ホームページに評価報告書の全文を掲示し、認証評価の結果を広く社会に公表した。

(三) 評価の概要

日本高等教育評価機構が作成した評価報告書の概要は次のようなものであった。

①松本大学は「戊戌《ぼじゅつ》学会」（明治三一年〈一八九八〉創立）建学の精神「自主独立」を継承し、地域社会の期待と支援のもと「地域社会の振興と地域文化の発展に資する人材の育成」を目的と

する高等教育機関として、平成一四年に設置された。建学の精神・大学の基本理念および使命・目的は明確であり、学生および地域社会への浸透も十分に図られている。

②教育研究組織は地域社会のニーズへの対応を柱とした二学部四学科で、適切に構成されている。また、「全学運営委員会」「全学協議会」が設置され、法人・大学が一体となった意思決定が行われている。

③「地域社会に貢献する人材の育成」という使命・目的は、教育課程・教育方法の上にも具現化されている。すべての学科で、地域社会に有効と考えられる資格取得を念頭においたカリキュラムが編成されていること、地域社会の資源を活用した「教育サポーター制度」「アウトキャンパス・スタディ」が導入されていることなどがその具体例である。

④教養教育の運営は、学部教務委員会と全学教務委員会が担っているが、平成二三年（二〇一一）の「共通教養センター」の設置を目指して準備が進められている。

⑤一年次からのキャリア教育を体系化し、正課授業への組み入れ、アンケートに基づく授業改善策の開示、学生の支援を上級生が行う「学生スタッフ制度」「ピアサポーター制度」の導入など、多様な学習支援策がとられ、成果をあげている。また、学生のさまざまなデータがカルテのかたちでデータベース化され、ゼミ担当教員、クラス担任により、きめ細かな指導助言が行われていることは特筆に値する。

⑥教員は大学設置基準を上回る専任教員が確保されている。教員の担当コマ数のバランス、専任教員の主要科目の担当状況などに若干の課題が見受けられるが、平成一八年（二〇〇六）度、一九年（二〇〇七）度と学部・学科増設が行われ、年次進行期間中であることから、完成年度に

向け改善が期待できる。
⑦近年、外部資金の積極的な導入に取り組んでおり、共同研究、受託研究などに着実な実績を残しつつある。また、ＦＤ（Faculty Development）活動（註１）に意欲的に取り組み、教員の研究活動を「アニュアルレポート」として公表し、研究へのインセンティブを高めている。
⑧職員組織は適切に編成されている。科学研究費補助金、学術研究費、外部資金の各担当を置き、研究活動支援に努め、ＧＰ（Good Practice）など補助金の獲得にも成果をあげている。また、全職員を対象とする研究をはじめ、他大学との職員の相互派遣、資格取得支援などＳＤ（Staff Development）（註２）にも体系的に取り組んでいる。
⑨法人および大学の管理運営は、管理部門と教育部門の連携も含めてスムーズに進められている。自己点検・評価に関しても恒常的な取り組みがなされ、学外者による外部評価活動の実績がある。
⑩大学の財務は単年度収支において安定した状況にある。新設学部・学科が完成年度を迎え、国庫補助金の取得が可能となった段階では、さらに財務状況の向上が期待される。大学設置基準を上回る校地、校舎面積を有し、施設設備の安全性にも十分な配慮がなされている。
⑪大学の基本理念が地域貢献にあることから、社会連携・社会的責務の遂行にはとりわけ充実した取り組みが展開されている。施設の貸し出し、図書館の開放といったハード面の物的資源の提供に加え、「観光ホスピタリティ・カレッジ」「公開講座」「長期聴講生制度」など、ソフト面の提供も積極的に行われ、地域社会の信頼を得ている。また一方では、地域から学ぶ教育連携システムも開発されている。
⑫教職員の行動規範などの組織倫理とその運用体制、危機管理体制、広報体制が整備され、社会

的責務を遂行する姿勢が確認できる。

⑪平成一七年（二〇〇五）度、学生の地域活動支援を目的に立ち上げた「地域づくり考房『ゆめ』」は着実に成果をあげ、平成二〇年（二〇〇八）度の「学生支援GP（新たな社会的ニーズに対応した学生支援プログラム）」の採択を契機にさらなる展開をみせ、学生の地域活動を「学生の自主的な企画による活動」から、「地域とのパートナーシップに基づく活動」へと成長させる上で大きな役割を果たしている。

(四)機関別認証評価の第二サイクルに向けて

第一回目の認証評価においては、開学以来の本学の独自の教育研究に対する取り組みと大学運営に対して、一定の評価を得ることができた。

少子高齢化社会、不安定な社会経済情勢、価値観の多様化、グローバリゼーションの進展など、日本社会はかつて経験したことのない時代に入っている。このような時代の荒海を航海する高等教育にとって、大学運営の舵取りを支える羅針盤として、主に次のようなものがあげられよう。

①大学としての機能分化を打ち出した学生募集力
②機能分化に立脚した質保証
③アドミッション・ポリシー（註3）、カリキュラム・ポリシー、ディプロマ・ポリシー（註4）の整合性
④ガバナンスと全学的な意思決定
⑤FD・SDに対する積極的な取り組み

⑥健全な財務バランスと外部資金の獲得
などである。

認証評価の第二サイクルは平成二三年度から実質的にスタートしている。松本大学としては、平成二四年（二〇一二）六月、文部科学省が公表した「大学改革実行プラン」の中で、本学の取り組みがモデルとして盛り込まれた大学ＣＯＣ（Center of Community）（註５）の機能を強化しながら、社会的にさらに高い評価を得ることを標榜しつつ、実質的な自己点検・評価を積み重ねる姿勢を保持していく道筋が見えている。

（初代学生センター長・前教務課長　柴田幸一）

［註１］ＦＤ（Faculty Development）活動　教員が授業内容・方法を改善し向上させるための組織的な取り組みの総称。その意味するところは極めて広範にわたるが、具体的な例としては、教員相互の授業参観の実施、授業方法についての研究会の開催、新任教員のための研修会の開催などを挙げることができる。なお、大学設置基準などにおいては、こうした意味でのＦＤの実施を各大学に求めているが、単に授業内容・方法の改善のための研修に限らず、広く教育の改善、さらには研究活動、社会貢献、管理運営に関わる教員団の職能開発の活動全般を指すものとしてＦＤの語を用いる場合もある。

［註２］ＳＤ（Staff Development）事務職員や技術職員など職員を対象とした、管理運営や教育・研究支援までを含めた資質向上のための組織的な取り組みを指す。「スタッフ」に教員を含み、ＦＤを包含する意味としてＳＤを用いる場合（イギリスの例）もあるが、ここでは、ＦＤと区別し、職員の職能開発の活動に限定してＳＤの語を用いている。

［註３］アドミッション・ポリシー（入学者受け入れ方針）　各大学・学部などが，その教育理念や特色

などを踏まえ、どのような教育活動を行い、また、どのような能力や適性などを有する学生を求めているのかなどの考え方をまとめたものであり、入学者の選抜方法や入試問題の出題内容などにはこの方針が反映されている。また、この方針は受験者が自らにふさわしい大学を主体的に選択する際の参考ともなる。アメリカにおいては、高等学校の成績（GPA）の点数、高等学校で履修しておくべき科目・内容、SAT（大学進学適性試験）などの標準的な試験の点数などを具体的に示すことが一般的である。

[註4]ディプロマ・ポリシー（卒業認定・学位授与に関する方針）入学者受け入れの方針（アドミッション・ポリシー）に加えて、将来像答申が新たに提唱した「教育の実施や卒業認定・学位授与に関する基本的な方針（ディプロマ・ポリシー、カリキュラム・ポリシー）」がある。入学者受け入れの方針と異なり、モデルとなる具体例や典型的な形態が存するものではない。将来像答申は、組織的な取り組みの強化が大きな課題となっている我が国の大学の現状を踏まえ、各機関の個性・特色の根幹をなすものとして、三つの方針の重要性を指摘するとともに、「早急に取り組むべき重点施策」の中で三つの方針の明確化の必要性を強調している。

[註5]大学COC（Center of Community）「地（知）の拠点整備事業（大学COC事業）」は、大学などが自治体を中心に地域社会と連携し、全学的に地域を志向した教育・研究・社会貢献を進める大学などを文部科学省が支援するもの。課題解決に資するさまざまな人材や情報・技術が集まる、地域コミュニティの中核的存在としての大学の機能強化を図ることを目的としている。

二　より良い教育環境確保のために
――外部資金調達顛末記

(一) 文部科学省の動き

現在、大学は多種多様な問題を抱え、改革・改善を迫られている。このような状況下にあって、文部科学省は中央教育審議会の平成一七年（二〇〇五）一月の答申「わが国の高等教育の将来」、および平成二四年（二〇一二）八月の答申「新たな未来を築くための大学教育の質的転換に向けて」により、各大学の個性化・特色化を促し、教育の質の転換を打ち出して改革に着手してきた。

これらの答申を基に、様々な規制緩和を行い、大学間の競争を促進する環境づくりを進め、財政的にもこの答申に沿ったかたちで、「大学の実情に合わせた、ある意味平等な補助金」から、「大学の努力に見合った採択型（競争的）補助金」へとシフトを図っている。教育研究活動への重点的支援（GP事業）を平成一五年（二〇〇三）度から平成二四年（二〇一二）度まで実施し、次に未来経営戦略推進経費を経常費補助金の一部である特別補助金の中に新たに設け、さらに地域再生プロジェクト、平成二五年（二〇一三）度および二六年（二〇一四）度募集の「地（知）の拠点整備事業」(Center of Community ＝COC)、平成二六年度募集の大学教育再生加速プログラム（AP）などと次々と改革を進めている。

ところで、平成一七年度の答申に、大学の役割を七項目に分類して記載されているのであるが、そこに本学の追い風となる一項目があったのである。それは、本学の教育理念そのものであった。

(二) 外部資金の獲得を目指す

本学は、教育・研究に係わる経費は、ほとんど学生からの学納金で賄っているのが現状である。このような学納金に依存する状況を少しでも改善しつつ、教育環境を整える費用の捻出をするために、外部資金（補助金）の獲得にも力を入れてきた。この考え方は、松商学園短期大学時代から継承している方針であり、大学開学にともないさらに拍車がかかったのである。

まず教員の研究費に関しては、できるだけ科学研究費助成事業（科研費）や日本私立大学振興・共済事業団（学術振興助成や特別補助金共同研究など）、あるいは地方自治体や一般企業などの外部資金を獲得する努力をすることとし、科研費の申請を学内学術研究助成費への申請条件とするなどの方針を打ち出してきた。

さらに、文部科学省などが設けている研究や教育を対象とする採択型の補助金を獲得するために、アンテナを高く張って関係各部署から発信される補助金などの情報収集や、申請業務にあたるための専門担当を総務課に「外部資金担当」として新たに置くことになった。当時主事であった赤羽研太係長がその任に抜擢された。

そしてその年、文部科学省の大学教育・学生支援推進事業（GP事業）のうち、新たな社会的ニーズに対応した学生支援プログラム（学生支援GP）に採択されたのである。翌年は同じくGP事業の【テーマA】（教育GP）と【テーマB】（就職GP）に採択された。（一〇九頁の表参照）。

また、この年に初めて長野県の「潜在的有資格者等共生支援事業」に「福祉・介護にかかわる四つの研修事業の取り組み」（尻無浜博幸）が採択され、これはかたちを変えながら現在も事業を継続している。

社会人学び直し GP 講座開講記念講演で講演するザ・リッツ・カールトン・ホテル・カンパニー日本支社長高野登氏（平成21年3月12日）

㈢ 開学から現在に至る外部資金獲得活動の流れ

　松本大学開学後の四年間は、文部科学省からの補助金は一切なく、長野県・松本市を含む広域連合からの補助金（地方補助金）と学納金で大学運営を行った。ちなみに、帰属収入に占める補助金収入の割合は、開学の年である平成一四年度は七三％、以後年々減少して、完成年度（平成一七年度）には補助金一％、学納金の占める割合が九五％であった。

　平成一八年度は、補助金収入の大半を文部科学省からの経常費補助金（一般補助と特別補助金、一部採択型を含む）が占めることになった。さらに、平成一九年度はＧＰ事業の社会人学び直しニーズ対応推進プログラム（社会人学び直しＧＰ）が採択されたが（一〇九頁の表参照）、これは三年間の委託事業であったため、補助金収入ではなく預かり金として処理した。余談ではあるが、この委託事業終了後は、松本市や松本商工会議所と協力のうえ「観光ホスピタリティ・カレッジ」として、現在まで社会人向けに講座を続けている。

　ＧＰ事業としては、先の外部資金担当を置いた平成二〇年度から二三年度の四年間補助金による活動を実施した。この間の帰属収入に占める補助金の割合は一三～一五％であり、学納金の帰属収入に占める割合は七九～八三％であった。平成二三年度には未来経営戦略推進経費にも採択され、平成一八年度約一億四五〇〇万円であった補助金が平成二三年度には約二億四七〇〇万円となり、約一億円の増額となっている。

この間、平成一八年度には観光ホスピタリティ学科が、平成一九年度は人間健康学部、平成二三年度には大学院が開設され、学生数も九〇九名から一五六四名に増加している。つまり経常費補助金の一般補助金も増加しているわけであるが、それ以上に採択型の補助金（特別補助金やGP事業の補助金）の伸びが大きかった。これは、教職員が協力して、一丸となって外部資金獲得に奮闘し続け、不採択のつど教育体制や学生指導などを見直し改善を続けた結果である。

平成二四年度は、本学のすべてのGP事業が終了した。しかし、未来経営戦略推進経費に平成二三年度（一年間）、平成二五年度（五年間）と採択され、さらに、文部科学省の教育研究活性化設備整備費補助金（以下「教育研究活性化」と表記する）が平成二四年度に初めて採択されて以後毎年採択されていることは喜ばしいことである。

㈣ 競争型補助金獲得に挑戦する意義

文部科学省も、答申に沿って補助金のあり方を検討・改訂しながら、変化し続けている。それを受けて、本学でも変化する補助金制度に沿いながら補助金申請に奮闘してきた。本学においては、競争的採択型補助金に申請する過程において、本学独自の教育方法などを見直し、あるいは確認し、改善を重ねてきた。そして、採択されたことで本学の教育方針や教育手段に自信をつけてきたのである。補助金申請作業を本学の教育の評価・検証の場とし、獲得した資金で教育環境を整え、さらに活動を発展させて次のステップへとレベルアップを図ってきた。その道程が平成二五年度の「地（知）の拠点整備事業（ＣＯＣ）」採択へと繋がったと確信している。

　地方都市に立地する小さな大学の教育理念「地域貢献」、地域全体をキャンパスとした本学の教育方針などが時流を得てますます輝きを増しているようである。ここに至るには、ＧＰ事業による活動が大きな活力源になっていたことを改めて実感する。

　ＧＰ申請の際に、教員の執筆した申請書を基に、職員が経費を計算し、担当した教員と職員全員が夜中まで作業を行い、締切に間に合わせたことなどが懐かしく思い出される。

　最後に、競争的採択型補助金確保は、松本大学の教育方針の見直しや改善に大いに役立った。活動資金の充実や広報的な効果などを含め、大学運営にも大きな影響を与えてきた。これからも、教員と職員が協力して競争的採択型補助金確保に挑戦し続け、大学および地域がさらに豊かな発展を遂げることを期待したい。

（初代総務課長　松田千壽子）

三　松本大学の教育の試金石

——ＧＰ獲得へのチャレンジ

松本大学と松商短期大学部が獲得したＧＰ（Good Practice）と、その制度（平成一五年〜平成二一年）終了後に設定された文部科学省関係の競争的資金に採択された取り組みとその申請書の執筆責任者と事務担当者は次表のとおりである。

【表】獲得ＧＰなどとその執筆責任者

年度	松本大学（平成一四年創設）	松本大学松商短期大学部
平成一五年		特色ＧＰ「多チャンネルを通して培う地域社会との連携」　住吉廣行・小倉宗彦
平成一六年		
平成一七年		
平成一八年		特色ＧＰ「キャリア教育をベースとした課程教育の展開」　糸井重夫・青島金吾
平成一九年	社会人学び直し「社会人向けホスピタリティ人材育成及びスキルアップのための支援プログラム」　佐藤博康・伊藤健	
平成二〇年	学生支援ＧＰ「若者の地元定着につなげる地域活動支援」　木村晴壽・赤羽研太	学生支援ＧＰ「元気なキャンパスをつくり出す仕掛けの創出」　住吉廣行・小倉宗彦

平成二一年	教育・学生支援［テーマA］「食の課題解決に向けた質の高い学士の育成」　廣田直子・赤羽研太 教育・学生支援［テーマB］「大学全体が取り組む就職活動の支援を目指して」　木村晴壽・松田千壽子	教育・学生支援［テーマA］「メモ力育成を核とした単位制度実質化の取組」　糸井重夫・伊藤健 教育・学生支援［テーマB］「産学連携・卒業生連携と就職ゼミによる支援体制の強化を目指して」　糸井重夫・青島金吾
平成二二年		未来経営戦略推進経費「経営改善計画書」　小倉宗彦・西沢芳昭
平成二三年	未来経営戦略推進経費「就職支援と一体化する『地域丸ごとキャンパス』」　木村晴壽	
平成二四年	教育研究活性化「地域活動を発信し就職支援につなげる『地域連携スタジオ』の整備」　木村晴壽・柴田幸一	教育研究活性化「ITを活用した授業支援の充実と双方向型授業の展開」　糸井重夫・清水康司
平成二五年	未来経営戦略推進経費「探求力旺盛な職員の育成により地方小規模大学の改革モデルを構築する松本大学」　小倉宗彦・西澤芳浩 教育研究活性化 タイプ一「建学の精神を活かした大学教育の質向上」　岩間英明・中村礼二 タイプ二「特色を発揮し、地域の発展を重層的に支える大学づくり」　畑井治文・赤羽研太 文科省「地（知）の拠点整備事業（COC）」「地域社会の新たな地平を拓く牽引力、松本大学」　木村晴壽・柴田幸一・赤羽研太	教育研究活性化 タイプ一「建国の精神を活かした大学教育の質向上」　浜崎央・山本由紀 タイプ二「特色を発揮し、地域の発展を重層的に支える大学づくり」　金子能呼・田嶋哲也

松本大学や松商短期大学部はこの補助金によって、①日常的に考えてはいるが資金的な面でなかなか手がつかなかった課題に積極的に取り組むことができたこと、②自らの活動を見直し探求することで、その実践に対して理論的な枠組みを与え普遍化・理念化することに成功したことで、大学発展の礎を築くことになった。

個々の取り組みの特徴の説明や解説は紙幅の関係で省かせていただくが、それぞれに全国レベルの厳しい審査を通過し、かなり高い競争倍率を克服しているので、相応のレベルの評価を得ていることは間違いない。

アメリカのファマーズ・マーケットを視察する
（教育 GP「食の課題」・平成22年9月5日）

ＧＰは一つの特色ある取り組みを突破口として、採択へとこぎつけるという申請例と、大きなフレームワークを提示し、理念的な主張を武器とする申請例とに大別できると思われる。松本大学の場合は小規模大学でありながら、大学教育・学生支援などの枠組みも提示するという、稀有な姿勢を貫いているといえよう。

理論化によるパラダイム転換ついては、例えば①「演繹法的教育手法」から地域連携を活用した「帰納法的教育手法」へ、②学生を「カスタマー」から「パートナー」へと見なす立場へと移行し、負荷を掛けるからこそ育つという姿勢を打ち出したことなどが挙げられる。

こうした一連の申請書執筆の各段階において、ＰＤＣＡ

サイクル（註）が回っており、自らを客観視し、弱点を克服すべき課題として認識するとともに、それに立ち向かおうとする姿勢を申請書にまとめていったともいえる。したがって、ＧＰは本学にとって自己改革の駆動力としての役割を果たし、採択されることによって教職員に自信を植え付け、日常的に実施していることの意義深さを確信する作用を及ぼした。教育改革、学生支援の施策の充実、地域連携事業の拡大などが次々と展開され、「地（知）の拠点事業（ＣＯＣ）」の採択へと至る一連の流れが形成できていたといえよう。

このような意味合いから本学は、全国的に見てもＧＰによって急成長した大学・短大の好例となっていると思われる。特に短期大学部の場合、相互点検・評価の連携校であるソニー学園湘北短期大学（ＧＰ獲得数は全国短大トップ）と高いレベルで切磋琢磨できたことも、全国の短期大学に大きなインパクトを与えたと思われる。

（学長　住吉廣行）

［註］ＰＤＣＡサイクル（PDCA cycle）　ＰＤＣＡは plan-do-check-act の略。生産・品質などの管理を円滑に進めるための業務管理手法の一つ。①業務の計画(plan)を立て、②計画に基づいて業務を実行(do)し、③実行した業務を評価（check）し、④改善（act）が必要な部分はないかを検討し、次の計画策定に役立てる方法。

四　ソーシャルキャピタルを強める
――大学の委託事業を強みとして

松本大学には企業や行政からさまざまな依頼が持ち込まれている。松商学園短期大学に松本大学が併設され、この一〇年でそれら外部の委託事業にみられる特徴は何か。そして委託事業に取り組んだ松本大学が己の強みとして、継承すべき価値はどこにあるのだろうか。

(一) まずは覚悟

松本大学にとって初めてのテーマや取り組むべき委託事業も、依頼元(地域や行政の場合は特に)からすれば過去に他の国立大や大手私大に相談をかけていた場合が少なくない。成果が上がっていれば、松本大学にお鉢が回るはずもなく、地元の本学ならなんとかしてくれるのではないかという切羽つまった状態で持ち込まれ、担当者が悩むケースも……。

「人間っていうものは、このたいせつなことを忘れてるんだよ。だけど、あんたは、このことを忘れちゃいけない。めんどうみたあいてには、いつまでも責任があるんだ」と星の王子様に向かってキツネが言う。

引き受けたからには成果や結果が出るまで、とことん取り組むという覚悟がなければ、相手にマイナスであるだけでなく、松本大学のイメージダウンにつながる。覚悟の有る無しのこの違いが成否を分けるものだということに気づかされる。

ワサビの葉と茎を使用した信州サーモンの押し寿司（平成24年5月）

㈡ 真のニーズはどこにあるか

依頼にみえる方が、大学にどんな役割を期待しているのか、現状の問題点や解決をどこに見出そうとしているのかを理解するまでは、案外時間がかかるものである。自治体から観光振興プラン監修の依頼を受けた教員から聞いた話である。町が一望できて奥に北アルプスの絶景が広がるパノラマ全景をアピールしていこうと提案したところ、「向こう側はとなり村です」という行政マンの答えが返ってきた。ほどなくしてその「となり村」の観光プラン作成にもかかわることとなった教員は、ゼミ学生の足でまとめた「広域」の美術館やレストランめぐりなど、滞在観光型のプランづくりという成果につなげた。

また規格外農産物の活用が叫ばれる一〇年以上前から、松本大学は地元の作り手や売り手の間で知恵をしぼってきた。松本一本ねぎ、むかご、黒豆、ひまわり、ワサビの葉と茎、そばの引きカス（製粉残渣）等々。収穫に手間がかかるなどの理由で市場から消えかけていた一本ねぎを再興したのは、女性たちと松本大学生である。地元の黒豆を活用しようと提言した教員。豆の加工品など売れるわけがないと無関心な菓子店をしり目に、商品化を買って出たのはお茶専門店。今では菓子店がこぞって安曇野産黒豆「信濃黒」を使ったスイーツや和菓子を看板にしている。タテ割、大量生産、効率化の物差しからこぼれたことにこそ、時代の真のニーズが埋もれているのではないか。

㈢ 強みの三点セット――学生たち・ご縁・バス

委託事業を大学の一員として担っているのが学生たち。彼らを「おてこ」（手伝い）として見るか、課題解決のパートナーとして頼りにするのかは、本学の教育理念と結びついた譲れない視点である。

これまで外部の委託元は、ほぼ県内の行政や地元企業である。このことと学生の大半が県内出身者であることは、どんな意味をもつだろうか。

石巻市災害支援ボランティアに出動した松本大学のバス（平成23年6月）

学生たちがふだん接しているご近所の出来事や地域にとっての関心事が、そのまま松本大学に依頼されるテーマともクロスするのは、ある意味では自然な流れである。地元サッカーチームのスタジアム弁当の開発、ふだんは家にこもりがちなお年寄りのための引き売りの野菜調達、運動指導の相手一人ひとりにあったメニューを考え、励ましの手紙も添える……。「他人ごとでなく自分ごと」と自覚した学生たちが考え出したアイデアや行動は、商店街のやる気を引き出したり、講座参加者が生きがいを取り戻すというドラマを生んできた。

二〇一三年一〇月「地域連携教育の意義と課題」研究

学生・サポーター・教職員で安曇野市穂高のセミナーハウスに2泊（アウトキャンパス体験ツアー・平成19年8月29日）

会（会場：松本大学）が開催された。法政大学・名古屋大学・日本福祉大学・京都府立大学などの研究者が地域連携の実践課題として、「いかに上手な実習先をみつけるか」「イベントのお手伝いで終わらぬ配慮」の苦心談を語る。そのなかで名古屋大学の研究者が「名大生を松本に連れてくると、これほど地域のなかで信頼関係が築かれているということに、非常に学生がびっくりしたようで、そういう信頼関係を共有する体験ができる」と、松本大学の優位性を指摘した。つまり、地域の問題解決に真摯に向き合うという松本大学の使命を果たす上で、地域社会にある町会や商店会などの日常の絆（Social Capital ＝社会関係資本）が松本大学と行う事業の成功を後押しする土台となっているのではないか。

現実には松本市のエリアだけでも山間地から農村部、都市部へと広がるなかで、自前のバスがあったからこそ成果は形になった。大学専用のバスを計三台も購入する決断をした大学事務局と学生らの安全・安心を無事故で支えてくれているドライバー諸兄に感謝したい。

(四) 引き続き選ばれるためには

「地域」を冠した学内の「地域づくり考房『ゆめ』」、健康支援ステーション、地域総合研究センターがそれぞれの強みを発揮しながら密接に連携することで次の新たなステージの幕が開く。
そこには大学院生はもちろん、協働プログラムを動かすための行政や企業のスタッフの受け入れ、社会実験やプログラムの体験を兼ねた滞在型施設（セミナーハウス復活も！）などの受け皿も必要だ。Going Concern（継続企業の前提）を胸に次の一〇年を展望してみたい。

（管理課長　臼井健司）

五　硬式野球部の創設時を振り返って

(一) 創部に至る経緯

松本大学が発足する二年前の平成一二年（二〇〇〇）、動き出したばかりの松本大学設置準備室は、大学設立に向けた文部省との事前協議、松本市や長野県といった財政支援団体との協議、あるいは農地転用をめぐる関東農政局との折衝や工事関係者との打ち合わせなどに忙殺されていた。あらゆる分野で進んでいた事前の準備にある程度の見通しがつき始めたころ、準備室ではようやく、新設されるであろう松本大学を実際にどのように運営すべきかについての話し合いが始まった。単学部単学科の小規模な私立大学、しかも全国的に見ればかなり後発の地方大学というハンディを持ちながら、どのようにすればこの大学の運営を軌道に乗せることができるのか、真剣な議論が続いた。

文部科学省の設置認可がすべてである以上、議論は教職員組織や教育の手法・中味に集中したのは当然だったが、それでも文部省が関知しない側面、例えば短期大学部との関係や正課教育以外の分野で学生生活をどう構築すればよいのか、といった問題は準備室のメンバーにとっては、大学運営の正否を左右しかねない重要問題と映っていた。

そのような経緯のなかで、「大学の華」とも言うべき存在が何らかのかたちで必要ではないか、地方の小規模な新設大学であればなおさら、より広範囲な知名度を持つ活動が不可欠だろうとの結論に至った。言うなれば、学生の萎縮を回避し、むしろ自信を持つための存在として、重点スポーツ部の立ち上げを構想することになった。しかし、もちろんその一方では、地域社会に松本大学の存在を認知してもらうため、スポーツをテコに「松本大学」の存在を高めたいとの意向もあった。

したがって、大学活性化と知名度アップの両面から具体的な構想を練ることとなった。野球・ラグビー・サッカー・駅伝といった大学スポーツの定番から始まり、アーチェリー・ゴルフ・アイスホッケーなど大学スポーツとしては比較的新しい種目も俎上にのぼり、一時は相撲という声もあったほどである。設立資金との兼ね合いからくる設備の問題、大学の規模から導き出される部の規模、他大学の傾向など、あらゆる角度からすべての種目についてひととおりの検討がなされた。知名度アップ、特に全国的な知名度という点で駅伝には大きな魅力があった。何と言っても、正月の二日間、朝から夕刻までテレビに大学名が登場する箱根駅伝の効果は計りしれないと皆が考えた。山梨学院大学の例もあった。

松本大学硬式野球部の試合風景

しかし、箱根駅伝が関東学連の競技である以上、信州の松本大学が割り込む余地はほとんどなかろうという結論になった。ラグビーにしても、控え選手を含め出場選手で三〇人、Bチームも含めれば学生の三分の一がラグビー部員になってしまうなど、非現実的な要素が次々に頭に浮かんだ。その他の種目も規模や設備の問題で出ては消え、出ては消え……。

細かな経緯を省いて言えば、松商学園としての分厚い蓄積があり、それなりのノウハウもある硬式野球に落ち着いたのである。

(二) 野球部の骨格成る

そうなると次なる課題は、具体的に誰に野球部の運営を託すのか、つまり監督人事だった。そのX氏との相談なしに、グラウンドの設定やその他の準備を進めることはできず、最初に手をつけるべきは兎にも角にも監督候補の絞り込みだった。

最初から数年契約のもとで職業監督を招聘するほどの実績も経験も我々にはなかったから、何とか立ち上げ時をスムーズに経過させる方法はないかと考えた結果、松商学園高校野球部でコーチ経験があり、当時は同高校の事務職員となっていた亀田正雄氏に初代監督への就任を要請することとなった。種々の調整を経て、ようやく学園からの承諾に漕ぎつけて、平成一三年から亀田氏が設立準備室に加わることとなった。監督予定者および施設整備担当のメンバーとしての参加であった（亀田氏は松本大学発足とともに、初代の学生課長に就任する）。

準備室のメンバーとして亀田氏は、新設大学の諸施設について、設計・建設会社との打ち合わせなどに奔走するかたわら、野球部練習場の設計・施工の管理はもちろんのこと、最初の野球部員のリクルートに動き出した。部の運営責任者としての部長には、短期大学部の準硬式野球部で監督経験があり準備室のメンバーでもあった、教授の木村晴壽（私）が就任することも同時に決定した。当初、準備室では監督一名、選手五〇名以内、つまり一学年一〇名前後の人数が適正であろうと想定していたが、冷静に考えてみれば、大学創立時には一年生しかおらず、一〇名では練習にも差し支えることになるからと、第一期生に限っては三〇名まで許容しようということになった。また、公式野球部の方針として、基本的には長野県内の高校出身選手を主体に野球部を構成することも確認された。松本大学総合経営学部自体が地域密着・地域貢献を掲げている以上、それは当然の考え方であり、亀田氏と部長の木村が手分けして県内の高校を精力的に訪問し、着々と創部に向けた体制を整えていった。

(三) リーグ加盟をめぐって

以上のような創部に向けての体制づくりとは別に、難航した折衝があった。発足予定の松本大学硬式野球部の骨格が鮮明になってきたにもかかわらず、その野球部がどこの大学野球リーグに所属することになるのかが不明確なままだった。不明確というよりも、いずれかのリーグに正式に加盟できるか否かさえ、はっきりしなかったのである。短期大学部の準硬式野球部は北信越リーグに加盟していたが、硬式野球の大学リーグに北信越リーグはない。東京六大学リーグをはじめ、都市部を中心に歴史あるリーグに松本大学が加盟する余地などないことは明白だったし、新興リーグもおおむね大学の所在地によって区分けされていた。できるだけ幅広く検討したうえで所属リーグを決定したかったこともあり、当初から念頭にあった関甲新学生野球連盟は我々にとってはひとつの選択肢に過ぎなかったものの、亀田氏と木村が、それぞれの伝手をたどって関係各方面と折衝を重ねた結果、やはり関甲新学生野球連盟を最優先して加盟申請をするほかなかろう、というのが最終的にたどり着いたところだった。

打診というレベルではすでに関甲新学生野球連盟とも接触していたが、先方の反応は決して芳

松本大学硬式野球部の試合風景

しくはなかった。連盟の担当者は我々に、次のような当時の状況をしきりに説明した。すなわち、関甲新学生野球連盟は埼玉・群馬・栃木・茨城・山梨・長野・新潟の七県を網羅するリーグであり、すでに一部から三部まで満杯の状況にある（一部・二部・三部ともに六チーム制）。しかも、関東地区は大学の新設が相次ぎ、新たに加盟する大学は多々あったが、いずれも野球部としての体をなしておらず、加盟するや否や自然消滅するケースが繰り返されている。したがって同連盟理事会では、新設大学の加盟には否定的なムードがあり、松本大学についても正式に議題として提起しにくいのが正直なところである、というものであった。

この時点で、松本大学野球部は大学そのものと極めて似通った状況に置かれたことになる。松本大学自体も、未だ文部科学省（平成一三年から）の認可を受けていない段階で、校舎および諸施設の建設はどんどん進んでいたし、教職員の採用手続きもかなり進捗していた。なにより、松本市を中心とする広域連合とも長野県とも、財政支援の協議が整っており、もはや、文部科学省からの認可取得に失敗するなど許されないことであった。硬式野球部においても状況は同じで、監督候補者は言うに及ばず、事実上の部員のリクルートが完了しつつあり、これで、「加盟するリーグがない」などとはとても言えないところまで来ていた。

部長の木村が連日のように関甲新学生野球連盟の事務局と折衝を重ね、正式に加盟が許されたのは、大学が開学する前月の平成一四年（二〇〇二）三月のことだった。しかも、参戦は秋のリーグ戦からとの条件も付けられていた。大学そのものがまともに動き出すかどうかを、見極めたいとの意向だったようである。松本大学の成功なくして野球部の存続もあり得ない、という当たり前の現実を改めて思い知らされたひと幕であった。むしろ、大学の成功に野球部がどのように貢献できるのか、これこそが本来のあり方だと、肝に銘じることになる難交渉だった。

㈣「山あり谷あり」の一〇年

硬式野球部をスタートさせるにあたり、内々に解決すべき問題として浮上したのは、コーチ人事だった。三〇人の部員とはいえ、監督だけで隅々まで目が行き届くはずもなく、亀田氏はコーチの存在を望んでいた。もっとも、亀田氏に心当たりの人物があったわけでもなかったし、こうした人事をひとつ間違えると部の崩壊につながり兼ねないことを、同氏はそれまでの経験から充分に承知していた。その結果、亀田氏から、それまでいわば二人三脚で野球部の体制をつくってきた部長の木村にコーチを兼任してもらいたいとの要請があり、亀田監督背番号五〇、木村部長兼コーチ背番号五一の首脳陣でスタートを切った。

初陣となった平成一四年の秋季リーグ戦こそ三部優勝を果たし、二部との入替戦も制して二部入りを果たしたが、翌年の春季リーグ戦では二部優勝を逃し、出直しを迫られる事態となった。その後は、何度も一部との入替戦に出場しながら、どうしても最後の壁をこえられず二部での残留に甘んじざるを得ない状況が続いた。

野球部創立以来の目標であった、一部への昇格・定着をなんとか達成しようとまなじりを決していたさなかの創部四年目の春、野球部に異変が起こり始めた。その前の秋季リーグあたりから亀田監督は冗談めかしながらも、成績不振の責任もあるからと、辞意を臭わせていた。それから数か月後の春、亀田監督には明らかに体調が優れない様子が現われ始めていた。グラウンドに出ることすら辛そうなときが増え、夏場を迎えたころには咳が止まらず、足下も覚束ないこともあった。事ここに及んで、周りからの強い働きかけもあり亀田監督は病院へ足を運び、ほぼそのまま入院を余儀なくされたのである。その後は、遂に健康を回復することなく、旅立っていった（手遅れの肺癌であった）。野球部は一時的に、パニックとも言える状況に陥ったが、選手たちは素早く立ち直り、結果を出すことが亡き監督に報いる道だと口々に話し、練習に邁進した。四年目の秋から一年間は、木村が試合の指揮を執って急場を凌ぎ、松本大学学生課職員であり野球部一期生の滝澤毅氏が監督を勤めた時期を経て、二宮至氏が監督に就任した。二宮監督時代にはピッチングコーチとして大塚喜代美氏が投手陣の指導に当たり、現在は大塚監督が指揮を執っている。

一〇年前に難産の末に発足した松本大学硬式野球部はその後、リーグ戦成績のうえでも、部運営の面でも困難な問題を抱えながら、大学内はおろか学園内各人のバックアップのお陰で、なんとか最初の一〇年を乗り越えてきた。

卒業後もプロの道に進む学生も多く、平成二四年（二〇一二）に藤澤亨明君が埼玉西武ライオンズに育成ドラフト一位指名で入団、平成二六年（二〇一四）には山下峻君が横浜ＤｅＮＡベイスターズにドラフト六位指命で入団した。そのほかこれまでプロ野球独立リーグ（ベースボール・チャレンジ・リーグ）へは、信濃グランセローズに七名、新潟アルビレックスＢＣに一名が入団している。

（野球部初代部長　木村晴壽）

六　「球心一如」——女子ソフトボール部の創生

㈠ 誕生

平成一八年（二〇〇六）四月、ソフトボール部に長野商業高校・上田染谷丘高校といった県内の高校はもとより、石川県の門前高校・津幡高校、山梨県の山梨学院大附属高校などから、学部生八名、短大生四名、計一二名の新入部員が入部し、松本大学女子ソフトボール部の新たな歴史の幕が切って落とされた。

ソフトボール部は、当時の住吉廣行副学長（現学長）、中村文重入試広報室長が中心となり、女子学生募集のための方策を模索していた中で、シンボル的な存在としての女子の部活動展開の必要性を考え、ソフトボール部を立ち上げた。また、長野県の野球をリードしてきた松商学園の伝統や、当時すでに強化部として活動していた野球部の存在も、ソフトボール部創部の流れをつくりだしたとも言えよう。

創部に先立って平成一七年には、豊科高校・梓川高校などを全国大会に連続出場させ、長野県高校女子ソフトボール界きっての指導者であった多田尚令氏の初代監督就任が決定していた。

松本大学女子ソフトボール部の試合風景

北信越地区の大学ソフトボールのレベルは全国的にみて最も低いとはいえ、一年生だけで臨んだ全日本大学選手権大会（以下インカレと言う）北信越予選では、全試合コールド勝ちの初参加・初優勝という衝撃的なデビューを飾り、早くも全国に松本大学の存在を知らしめることができた。

松本大学女子ソフトボール部の試合風景

(二) 台頭

さらにその名を確固たるものにしたのは、その翌年、地元大町市で開催された東日本インカレである。松本大学は準々決勝で名門東京女子体育大学と対戦、誰もが東女体大の勝利を予想していたが、延長タイブレークの激戦を制したのは松本大学であった。さらに準決勝では前年度のインカレ優勝校である早稲田大学に対しても、中盤までリードするなど熱戦を繰り広げ、各大学から注目されるようになる。

そのチームの勢いは三年目も衰えず、インカレでは念願の一勝を挙げ、さらにベスト8進出を果たす。そして、日本リーグに所属する大和電機工業を破り、国内最高峰の全日本総合ソフトボール選手権大会に初出場。一回戦は日本リーグ二部首位を独走し、一部昇格を確実視されていた伊予銀行と対戦。コールド負けの予想を、一―〇の勝利で覆しただけでなく、続く日本リーグ一部のデンソー戦も〇―三と敗戦したが大善戦。さらに、長野県チームの主力として大分国体にも出場。一躍全国区の大学の仲間入りをする。

㈢ 定着

全学年が揃いいよいよチームとしての完成年度を迎える四年目。前年度以上の活躍を期待されたものの、全国の壁は常に簡単に越え続けられるものでもなく、インカレは二回戦敗退という残念な結果となった。

しかし、基本に忠実なプレーや、マナーが良く真摯に試合に臨む態度などのチームとしてのあり様は、どの大会でも関係者から高い評価を得ることができた。

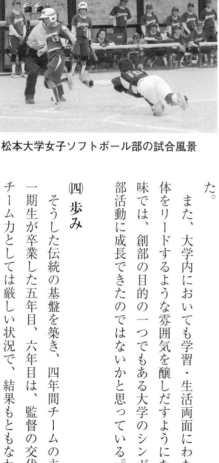

また、大学内においても学習・生活両面にわたり、大学全体をリードするような雰囲気を醸しだすようになり、その意味では、創部の目的の一つでもある大学のシンボルとしての部活動に成長できたのではないかと思っている。

松本大学女子ソフトボール部の試合風景

㈣ 歩み

そうした伝統の基盤を築き、四年間チームの主力を担った一期生が卒業した五年目、六年目は、監督の交代などもあり、チーム力としては厳しい状況で、結果もともなわず、選手が非常に苦しんだ時期であった。しかし、「ジュニアチームの指導」といった地域貢献や、選手二名と監督が全日本大学選抜メンバー入りし、シンガポールでの国際大会に出場して、優勝を勝ち取ってくるなど、数字に表われない部分での活躍はめざましく、松本大学女子ソフトボール部の伝統が確固たるものになった時期ともいえよう。

そして大学創立一〇周年を迎えた今年（平成二四年）、浮き沈みが激しいチームではあったが、インカレ連続出場記録を延ばしただけでなく、二度目の全日本総合選手権への出場も果たした。また、二名の卒業生が初めて実業団チームに進み、さらなる高みへ挑戦することにもなった。

強化部とはいえ、選手を取り巻く環境は決して恵まれているわけではないが、「球心一如」の旗印の下、創部からこれまで、自覚と誇りを胸に小さいながらも一歩ずつ、確実に歩んできたといえよう。

現在では、女子ソフトボール部初代主将が長野県の高等学校教諭（保健体育）になるなど、多くの卒業生が教育の現場で活躍している。今後は指導者としてそれぞれの場所で力を発揮し、ソフトボールの選手育成にも貢献してほしい。

今後とも女子ソフトボール部に対し、なお一層のご支援・ご声援を賜りますようお願い申し上げる。

（女子ソフトボール部部長　岩間英明）

七　地域に開かれた大学を目指して

㈠ 施設の利用

松本大学発足時、当時の中野学長は「できるだけ一般の人々にも大学に来てもらい、松本大学を知ってもらうことが、松本大学を理解してもらえることにつながるので、とにかく一般の方々の利用申し込みを受け入れること」という方針を出され、大学開放を重要な施策の一つとされた。松本大学は松本電鉄上高地線で松本駅から一二分、長野道松本インターチェンジより車で五分ほどの場所にあり、駐車場も広いため、県内どこからでもアプローチが良いということで、しだいに一般の人々にも知られるようになっていった。

大学施設の利用は、最初は本学の教員たちが関与している研修会や講習会、あるいは地域の方々と学生との活動などが中心であったが、他の団体にも松本大学の便利さが口コミで広まり、そのうちに多方面から利用の問い合わせがくるようになった。

当初は便宜をはかるために無料で開放していたが、あまりにも次々と問い合わせがあるため、二年目から有料化に変更した。主に利用は土日、祝日であるため、これも最初は専任職員が交代で出勤し、会場の設定やマイク・プロジェクター・パソコンの調整などの対応をしたが、出勤日がしだいに多くなり、対応に無理が出てきたため、土日の管理を外部業者にアウトソーシングすることとした。

その後、国家試験や研究会・研修会、団体の総会など多様な用途に利用され、毎年定期的に利用している団体も多く、新規の申し込みの調整が難しい状況にある。

日によっては数団体が同時に利用することもあり、一〇〇〇人規模の大会なども多く、松本市・塩尻市・安曇野市および各商工団体と松本大学の共催で毎年夏に開催される、子供たちを対象とした「ものづくりフェア」は二日間で一万五千人にのぼる来場者となる。また、松本市の市職員採用試験や松本検定、ＴＯＥＩＣ試験（註）、建築士国家試験などでも定期的に試験会場として利用され、さらに長野県ロータリークラブの総会や長野県栄養士会の総会・研修会なども毎年開かれているのが現状である。

子ども料理教室
（ものづくりフェアにて・平成25年7月14日）

地元新村地区の方々も、大学施設を活かした「新村音楽祭」や、大学と合同の防災訓練など、地元の振興や住民との交流が盛んになり、新村の方のなかには「松本大学は新村の宝」と言ってくれる人もいるほどになった。

運動施設では、第一、第二体育館、野球場、総合グラウンド、多目的グラウンドなどの利用も増えているが、特に体育館は、バレーボールのワールドカップ大会を松本で開催する際には本学体育館が公式練習場に指定され、世界トップクラスの選手たちが練習に利用している。また、これが縁で国際バレーボール連盟の前会長のウェイ・ジーツォン（魏紀中）氏に来学していただき、記念講演会を開催した。総合グラウンドはＪリーグ規格の人口芝のサッカーコートであるため、本学が連携協定を結んでいるJリーグの松本山雅もたびたび練習に利用している。

このように施設開放という面での地域貢献も活発化し、本学のミッションに沿ったものとなっている。

(二) 駅名の変更

松本大学が計画されたころ、設置準備室では大学の最寄り駅である松本電鉄上高地線「北新駅《きたにい》」の名前を、「松本大学前駅」に変更できないものかという意見が持ち上がった。これは松本大学が社会の公器としての存在感を示すうえで大いに意義のあることであるし、学生募集上も交通アクセスを説明する時にもメリットがあると考えたものである。さっそく理事会に提案し、理事会はこれを受けて松本電鉄（現アルピコ交通）に申し込みを行った。

開学にあわせて駅名変更された松本電鉄上高地線「北新・松本大学前駅」

駅名を変えるということは、沿線案内図や切符の名前を変えなければならず簡単なものではない。所轄官庁への届け出や、全国の時刻表ほかさまざま印刷物の表示の変更など、費用面も含めて想像以上に難しい面があったが、松本電鉄はまず地元住民の理解が得られなければと、地元の意向を聞いたところ、地元からは上高地線の前身の筑摩鉄道の創始者の上條信の生誕地でもあるので、「北新」の名前はぜひ残してほしいとの意見が多かったという。そこで松本電鉄は「北新・松本大学前駅」ではどうかと理事会に回答してきた。

これを受けて本学では、いずれにしても松本大学の名前が駅名として出ることになるので、これを了承し実現の運びとなった。また松本電鉄では駅舎の改修も行ってくれた。

松本電鉄が、大きな負担をしても駅名の変更に踏み切ってくれたことは、松本大学の発展に大きな期待を寄せてくれたものと考えられる。

その後の学科増や学部増などにともない学生数が増加し、時間帯によってはホームに入りきれないほどの学生が乗車していて、かつての乗客数の状況からみると隔世の感がある。また「地域づくり考房『ゆめ』」では、上高地線の電車を利用したイベントを企画するなど、松本大学の存在が、地元の公共交通機関である上高地線の経営改善にも貢献していることは喜ばしいことである。

（大学事務局長　小倉宗彦）

［註］ＴＯＥＩＣ（Test Of English for International Communication）試験　英語を母語としない人を対象とする国際コミュニケーション英語能力テスト。米国の民間教育研究機関ＥＴＳが主催する。

八　大学祭「梓乃森祭」——松本大学開学からの一〇年

(一) はじめに

学友会の最大のイベントである「梓乃森祭《あずさのもりさい》」の一〇年を振り返ってみた。松商学園短期大学の学園祭であった「梓乃森祭」は昭和四一年（一九六六）一一月に第一回が開催され、それが松本大学と共催の学園祭として引き継がれ、今年（平成二四年）で四六回目を迎えた。

第37回梓乃森祭「千人一色」の会場入口
（平成15年10月）

「梓乃森」の命名は、当時賞金五〇〇〇円を懸け一般学生からの公募によって決定されたものという（『松商学園短期大学三十年史』より）。松本大学は梓川《あずさがわ》の南に位置している。「梓」は日本ではアカメガシワの樹を指すと言われ、材は堅く弓の材料としても使われ、また版木としても用いられることから、文武両道という意味もあり、教育機関では馴染みの木である。学報「蒼穹《そうきゅう》」の題字の背景にも梓の葉がデザインされている。「梓乃森祭」の一〇年を振り返るにあたって、永年勤務されている職員の方々から聞いた思い出のほか、学生新聞や「蒼穹」などを参考にして執筆してみた。

(二) 記念すべき短期大学部・総合経営学部初の共同開催

平成一四年四月松本大学が開学し、総合経営学部に一期生が入学した。それ以前、平成一三年一〇月松商学園短期大学から松本大学松商短期大学部へと名称変更になり、平成一四年一一月二日、三日に行なわれた第三六回梓乃森祭は、短期大学部と大学総合経営学部の初めての共同開催となった。過去一〇年の記録を調べる中で、当時の中野学長の大学祭への思いのこもった寄稿を見つけたので紹介したい。

お祭りといえば、徳島の「阿波踊り」、青森の「ねぶた」、博多の「どんたく」、越中八尾の「風の盆」等々地方色溢れる有名なお祭りが、日本の至る所にあります。こういうお祭は、文字どおりその地域挙げての大イベントになっていて、老いも若きも、男も女もみんなが一体となって作り上げ、みんな揃って愉しんでいます。(中略)〝大学祭〟は、もちろん学生がお祭の中心になって不思議はありませんが、だからといって学生だけのお祭りになっては、面白くもなんともありません。それでは〝大学祭〟の名に値しないでしょう。大学に関わりのある者すべてが参加してこそ〝大学祭〟です。(中略)さらには、卒業生や地域の皆さんの参加によって、一段と賑いが増すことでしょう(「梓乃森祭」第三六号〈平成一四年一一月〉より)。

大学は「教育と研究を通じて地域社会に貢献する」が中野学長の一貫した持論であり、大学祭を通じても「地域とともに成長する大学」を目指した内容である。当初の中野学長は、地域に開かれ地域を巻き込んだ大学祭として運営し、プログラムの面からも学生だけの行事ではなく、大学のイベントとして位置付ける方向でスタートしたようである。

　松本大学が開学され、短期大学部と学部との最初の大学祭の運営にあたった学生課の小池以津美さん（当時、現国際交流センター係長）にそのころの苦労話を聞いてみた。開学前年度から、それぞれの学部の考えや方針、日程設定、会計処理など何もないところからのスタートのため、新しい考えを入れていくのに大変な苦労があったようである。

来場者でにぎわう梓乃森祭の会場
（第43回・平成21年10月11日）

　歴史ある短大部では、大学学部に歩み寄りながらなんとか一緒にやりたいと思うものの、その思いがなかなかうまく噛み合わず、苛立ちもありながら、先輩のいない学部生を引っ張っていったという。短大部の実行委員会の二年生が頑張った〝百花繚乱〟の「梓乃森祭」であったようである。

　また、机や椅子が可動しない教室も多く、展示などで苦労したというが、そうした中で、屋根があって細長い真直ぐなスペースがある、四号館南の建物沿いの渡り廊下を使わない手はないと企画したのが、「太巻き作り」という。現在も地域の方々が大変楽しみにしているプログラムの一つである。このときの後夜祭は、短大部と学部別々に開催されたと記録に残っている。また、このときからお笑いライブや音楽ライブは有名人を招き、学外の方々からも脚光を浴びてはいるが、年々経費も増してきているのが現状である。

㈢ その後の「梓乃森祭」

平成一九年（二〇〇七）四月には新たに人間健康学部が認可され、三学部合同の大学祭となり、各ゼミなどの模擬店の店舗数も増し、一段と賑やかになった。ステージ発表には新村の婦人部会によるフラダンスの披露などもあり、若者が反対に高齢者に元気づけられたようである。

「梓乃森祭」での東日本大震災特別シンポジウム
（平成23年10月）

平成二二年（二〇一〇）からは人間健康学部が中心となってスポーツフェスティバル（野球教室・サッカー教室など）を企画し、地区の子供たちとも交流を深めている。またこの年始まった「地域貢献大賞」の企画は、「地域を活かす人づくり大学」というコンセプトで、日々勉学に励んでいる様子を、プレゼンテーション形式で発表するものである。学生たちの日頃の勉強の成果が年々出てきているように思われる。

平成二三年は、日本中が悲しみの渦となった「東日本大震災」が起きた年として決して忘れることができない。学生たち（実行委員）の中からは、大学祭を中止にしてはどうかという声も出たが、自分たちにも何かできないかとの声も上がり、「～Message　今　君に伝えたい～」をテーマに掲げ、東日本大震災特別シンポジウム、東日本大震災生活支援フェア、被災地石巻の物産（さんま・かまぼこ・缶詰・石巻焼そば）を紹介する販売会を行い、学内関係者や一般の方々からも感動と支援を得た。

㈣ 今後の課題

開学一〇周年にあたり、今年（平成二四年）の「梓乃森祭」は多面にわたり企画を考えたようであるが、未だ手探りの箇所もあり、時代とともに変えていかなければならない部分もたくさんあると思う。これからも毎年試行錯誤を繰り返しながら、決して大学だけの祭りではなく、地域の方々との共同で、また後援会・同窓会からもお力添えをいただき、「地域に根付いた大学」をモットーに邁進していきたいと考える。

一〇年間の「梓乃森祭」の開催日とタイトル、および主な出来事

第三六回　平成一四年一一月二、三日　～百花繚乱～
第三七回　平成一五年一〇月一八、一九日　～千人一色～
第三八回　平成一六年一〇月一六、一七日　～ガムシャラ～
　　学生懸賞論文授賞式
　　第一回高校生アイデアコンテスト表彰式（平成二五年まで大学祭に一〇回実施）
第三九回　平成一七年一〇月一五、一六日　～匠～
第四〇回　平成一八年一〇月一四、一五日　～Passion　情熱～

（平成一八年四月　総合経営学部に観光ホスピタリティ学科設置、二学科制）
第四一回　平成一九年一〇月二〇、二一日　～Sparkler　輝～
（平成一九年四月　人間健康学部開学部、健康栄養学科・スポーツ健康学科設置）
第四二回　平成二〇年一〇月一一、一二日　～みんなで始めようエコism～
第四三回　平成二一年一〇月一〇、一一日　～Peace × Piece　平和とハッピー～
第四四回　平成二二年一〇月九、一〇日　～溢れる才能　松大天国～
第一回地域貢献大賞・スポーツフェスティバル（毎年大学祭に実施、現在に至る）
第四五回　平成二三年一〇月二二、二三日　～Message　今　君に伝えたい～
（平成二三年三月一一日東日本大震災発生）
第四六回　平成二四年一〇月二〇、二一日　～RETRO　時と共に～
（平成二四年四月開学一〇周年）
第四七回　平成二五年一〇月一九、二〇日　～NEXT～
第四八回　平成二六年一〇月一八、一九日　「あのー、隣あいていますか?」～きっかけはココから～

（学生課長　丸山正樹）

九　地元の宝から日本の宝へ——産官学連携

少しのことにも先達がほしい——。「徒然草」の一節である。平成二〇年一月二一日の信濃毎日新聞社説は「農山村観光　大学と連携深めて」と題してこう書き出している。

「都会の人を農山村に引き付けるポイントはその地域ならではの景観や食べ物、祭り、芸能、昔からの遊びなどだ。その『足元の宝』探しに地元大学が手を貸すことで、視野が広がり、魅力も数多く発掘できるだろう。（中略）専門家養成では、地域社会の現実をしっかり見つめる目を養う必要がある。人口減と高齢化が進み厳しい状況に置かれた農山村も多い。実情をふまえた地域づくりと観光でなければ、長続きしない。（中略）松本大学には観光ホスピタリティ学科があり、観光と福祉を中心に据えている。それぞれの大学から、農山村観光を活性化する人が育ってほしい」。

この社説が掲載された前後から今まで、松本大学が地元生産者や産業界、行政と手を携えて世に送り出した商品や街おこしの取り組みは数多いだけでなく、地域の話題となり、活気や希望をもたらしている。こうした活動が途切れることなく実る背景には三つの特徴が垣間見える。

(一) 学生を鍛えることが中心

「学生の真剣さがよその学校とは違いますよね」と県内紙の記者が私に語りかけた。商品開発などさまざまなブレーンとして松本大学の教員を頼る例が、人間健康学部開設以降加速している。

新宿高島屋の「大学は美味しいフェア」出店風景
（平成24年6月3日）

依頼を受けたゼミナールや「地域づくり考房『ゆめ』」、地域健康支援ステーションを仲立ちとして本学では必ず学生らが参加する。学生が地域を通じて社会の現実と格闘して得た学びは学生にとっての宝物である。ただし、挨拶の仕方や文章もあぶなっかしい学生も含めて地域共通の宝の原石として受け止め、共に育てることの理解が相手方になければ長続きしない。

新宿高島屋の「大学は美味しいフェア」で、参加三四大学中の単品売上三位に入った山賊焼、なかでも「三色山賊丼」は発売の一か月前に商品化のめどがたったばかりであった。付け合わせの具の選定、色合いや味のバランス、信州ならではの演出、デパートの顧客が求める満足度と値頃感にどう応えるか、それまでの商品化とは異なる難題を学生は取引先との度重なる試作をへて解決した。高島屋で山賊焼を試食する顧客に「私たちが開発しました」と話しかける学生たちの目は輝いていた。

また車椅子の障がい者が旅行を楽しむためのガイドブックのコンセプトで、学生たちが体当たり取材をした台北旅行。それは「アクセシブル・ツーリズムガイドブックｉｎ台北」として松本大学出版会から上梓され話題をよんだ。台湾側の橋渡し役のエデン社会福祉財団とは、震災後の石巻を訪問するなど海を越えた絆が強まっている。

(二) 地域の課題を解決することが第一

「学生をダシにして教員の研究を検証することとは違いますね」と、農水省からの委託でヒアリングを終えたシンクタンクの研究員が感嘆した。松本大学の学生による野菜の引き売りは先輩から後輩へ引き継がれている。全国で六〇〇万人にのぼるといわれる「買い物弱者」問題。リヤカーを引き、鈴を鳴らし、おしゃべりを交わしながらの引き売りには、物を通じて心を届けるという側面がある。大学生に見習い、引き売りや地元の商品開発に挑戦する高校生らを応援する取り組みは、大学・高校・自治体との連携協定へと発展している。

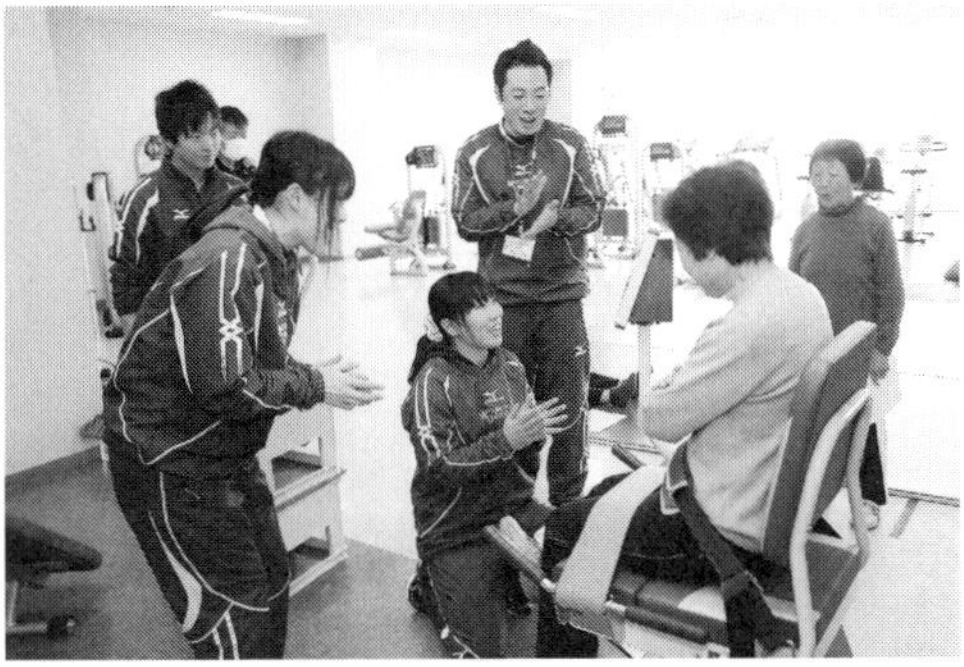

ピンキラエクササイズを織り込んだ健康教室

また加齢による筋力の低下や運動不足になりがちな中高年を対象としたピンキラエクササイズ（平成二一年商標登録）などを織り込んだ健康教室は、学生の奮闘に支えられ新規の依頼も相次いでいる。学生が心をくだいた個別メニューにより、膝痛で脚を組むのも困難だった参加者が、トレーニングの成果で「今の目標は大好きな山に登ること」と感謝の手紙を寄せるなど、松大生の熱烈なファンは地域に広がっている。

勤務した病院で患者向けの新たな健康指導のプログラムを任される、自社の主力食品を核に家族団欒の新コラボ商品を開発、勤務した村の特産品を使った創作料理が名物メニューとして大ヒット等々。これらは社会人一年目の卒業生が先達として成し遂げた例である。現場と人に鍛えられた経験が「いかになすべきか」より「何をなすべきか」に着眼し、自分と仲間を信じてやりとげるマインドを育んでいるのではないだろうか。

(三) 研究室や学部横断による強みをさらに

「はやぶさ」の川口教授によれば、宇宙開発の業界では「タイの切り身よりメザシになれ」という言葉があるという。これは「大きなプロジェクトは魅力的に見えるが、そこで切り身になった一つのユニットを担当するより、小さなプロジェクトでも、頭から尻尾まで経験してみたほうが良い」（川口淳一郎著『閃く脳の作り方』）という意味だという。平成二四年一〇月、松本大学地域貢献大賞の学長賞を受賞した大学院生は、「地域の多様化するニーズに本学は学部を超えて連携することが求められている」とし、栄養やスポーツ、経営など地域のニーズに切れ目なく対応できる松本大学ならではの産学連携の未来を提言した。取り組みの頭から尻尾まで、広くかつ深く担える大学を目指すことが地域の、ひいては日本の幸せづくりにもつながるに違いない。

（管理課　臼井健司）

一〇「長野県でトップ！」
――言い続けた広報の一〇年

企画広報室は「長野県ではトップの大学」、まずは「目立たなくては何にもならない」をモットーとして高校訪問し、進路指導室でのトークの中でも、取引先の皆さんとの打ち合わせの中でも、大学の教育方針、教育の特長である「地域で活躍する人材育成、地域の核となる大学である」を言い続けてきた。

(一) 学生募集に奔走した開学当初

平成一四年（二〇〇二）四月の開学に向けて、広報というより学生募集が主な仕事で、全学全教員を挙げて県内の高等学校を訪問し、開学に向けての教育内容の周知と学生募集に奔走した。

平成一四年開学と同時に学生募集、入試業務を担当する部署として学長直下の「企画広報室」を立ち上げた。スタッフは私を含めわずかに二名で、別部署のスタッフや教員の協力も得て募集活動が行われた。学生募集のための各種情報誌や新聞広告などを利用、また、県内はもちろん県外の学生募集相談会にも、北は仙台から南は福岡まで参加し、広報・認知活動に努めた。直接高等学校を訪問し進路指導担当教員への案内が一番効果的で、近県の高校は隈なく訪問してPR活動に努めた。

開設当初は総合経営学部総合経営学科五コース制の単科大学であったが、新設のご祝儀相場も

高校教諭を対象とした教育内容の説明会
（平成15年6月）

あってか、募集定員二〇〇人の一・四三倍に上る二八六名の志願があり、入学者は二二五名になった。入学者はそのほとんどが県内高等学校の出身者であった。

開学当初から硬式野球部を創部したのも学生募集の一手段となり、県外の高等学校から入学する学生もいた。開設当初は推薦入試で一二月までに定員の何割まで集められるかが重要であった。その後、平成一五年度からは企画広報室のスタッフを増員し、定期的な高校訪問を開始した。四月には入学者の出身高校を訪問し、進学を勧めてくれたことへの感謝と大学のＰＲ、キャンパス見学会の案内をした。六月には次年度の指定校推薦の依頼に訪問、九月から一〇月にかけては、推薦の出願予想確認のために訪問するなど、年間を通じて高校訪問が定例となった。

入試業務は一一月から始まる推薦入試（前期・後期）、二月からの一般入試（Ⅰ、Ⅱ、Ⅲ期）、およびセンター利用入試（前期・後期）を実施した、平成一五年度（平成一六年度入学生）からはＡＯ入試（註）（Ⅰ、Ⅱ、Ⅲ期）を開始、七月からのエントリーを受け付けた。

(二) 学科・学部の充実と志願者の増加

平成一八年（二〇〇六）四月には総合経営学部を改組し、総合経営学科と観光ホスピタリティ学科の二学科制とした。それ以前の平成一六年には、観光ホスピタリティ学科認知を目的とし、地域の活性化や新たな旅行企画の提案などを募集する「高校生アイデアコンテスト」を企画し実施した。また、女子の四年制大学への進学が増加傾向にあることから、松本大学でも女子学生を増やしたいという考えがあり、硬式野球部に続き、女子のチームスポーツ部を創部することにより、県外からの入学生を増やしたいと、平成一七年に女子ソフトボール部を創部した。観光ホスピタリティ学科設置により女子の入学者増を期待したが、思うような募集にはつながらなかった。

第10回高校生アイデアコンテスト表彰式
（平成25年10月19日）

平成一九年（二〇〇七）四月には人間健康学部を健康栄養学科、スポーツ健康学科の二学科で設置した。同時に総合経営学部、人間健康学部の四学科ともに募集定員を八〇名とした。これに先立ち平成一八年度から人間健康学部の新設予定をＰＲした。長野県内の管理栄養士養成校は初ということもあり、募集定員八〇人は確保できるとの予想であったが、推薦入試・一般入試の志願者全体で九二名と少なく、推薦入試で約半数が確保できたものの、一般入試で四五名の志願者に対して合格者が三一名となり、入学者六九名と初年度は定員割れをした。しかし、スポーツ健康学科は志願者が一二六名で、推薦入試・一般入試での合格者が一〇五名、入学者は九〇名となった。スポーツ健康学科については同時にスポーツ系の短期大学や専門学校からの三年次編入学生も募集したため、一五名の編入学者があった。

人間健康学部健康栄養学科は管理栄養士の国家試験受験が控えているため、一定以上の学力担保が必要であり、推薦入試やＡＯ入試においても基礎学力を見るための入学試験に切り替えた。定員確保と同時に一定レベルの質の確保も求められるため、設置後二年間は定員割れをした。しかし、人間健康学部両学科の予防医療分野での専門家育成という内容は徐々に浸透し、完成年度を迎えた平成二三年度入試においては健康栄養学科志願者二三〇名、合格者一二六名、入学者九四名、スポーツ健康学科志願者二〇六名、合格者一二二名、入学者一〇五名となり、以後順調に推移している。また、平成二三年（二〇一一）四月に松本大学大学院健康科学研究科（修士課程）を開設、学生募集を始めた。本学の人間健康学部からも入学しているが、今後はさらに他大学や社会人の入学者を増やしたい。

総合経営学部も観光ホスピタリティ学科の学生募集に不安はあるものの、大学全体としての知名度向上や本学の教育理念、人材育成目標、地域連携などによる人材育成なども浸透したことにより志願者は増加傾向にあり、志願者の学力も徐々に向上している。また、開設当初に比べると人間健康学部においては県外出身、特に新潟県や山梨県出身の学生も増えており、大学全体では、平成二四年度は開設当初と比較して三倍近い約七〇名が入学している。これは入学生全体の約二割弱である。

㈢　キャンパス見学会へ学生の参加

学生募集に最大の効果を発揮するのはキャンパス見学会であり、短大時代から大学開設以後も続けている。特に平成一六年度からは、広報室スタッフはもちろん事務職員・教員も動員しての全学イベントとして位置づけ、五月から一〇月まで年間五回から七回実施している。開設当初に教員のお手伝いということで数人の学生が参加していた。間もなく学生たちの自治組織としてM@tsu.navi（マツナビ）を結成、入試広報室のもとで主にキャンパス見学会の運営に携わるようになった。参加学生は年々増え、組織としても強固なものになり、年間を通して研修や勉強会を行うようになり、今では本学になくてはならない存在となっている。毎年五月、六月に開催している高校教員対象の学生募集説明会や保護者相談会でも活躍、また新入学生の集合セミナーにおいてもファシリテーターとして活躍の場は広がり、他大学からも注目されるほどである。「M@tsu.naviに憧れて入学」という新入生も増えて、学生募集にもつながっている。

キャンパス見学会で活躍するマツナビの学生

開設当初から外国人留学生も募集しており、志願があれば厳選して受け入れている。

開設当初の企画広報室は現在入試広報室となり、広報委員会・入試委員会と連動している。大学全体の広報では、大学広報誌「蒼穹」の編集・発行、ホームページを含むＷｅｂ広報関連、マスコミ対策などを担当。入試広報では学生募集に関するすべての媒体企画、キャンパス見学会の企画・運営、各高等学校への募集活動と入試業務を担当している。学生募集も紙媒体からＷｅｂ媒体へと変わりつつあるが、やはり学生募集活動において高校訪問、説明会・相談会への参加などの直接的なFace to Faceの活動は欠かせない。

地方の小規模大学においての学生募集はまず、地域に支持され、地域の高校生に志願してもらうことが重要であり、次に隣接県からの志願者を増やすことである。長野県の高校生の大学などへの進学率は、本学開学当時と大きな変化はなく五〇％前後で推移している。そのうち長野県内の大学・短大に進学している生徒は約一六％で、多くが県外に進学しており、県内への進学者を増やすことが本学の定員確保にもつながる。開学一〇年を経た現在、松本大学の教育の内容、人材育成の目標、教育の手法、そして地域で活躍し地域の活性化に貢献できる人材育成を目指した大学であることを、もう一度強く訴えていく必要がある。地域の小規模大学、そして私学であるからこそできる特長をさらに活かしていく必要があると考える。

（広報室長　中村文重）

［註］ＡＯ（Admission office）入試　一般入試やセンター試験利用入試のように科目試験の点数で合否が決まる入学試験とは異なり、大学として、また各学部学科において定めた「求める学生像」（Admission Policy：アドミッション・ポリシー）に適合した学生を募集するため、科目試験だけに頼らない、学生個人の多様な能力や意欲を面談や模擬授業などを通して多面的に判断し、合否を決定する入学試験。

一一　この一〇年間のキャリア支援
――就職課からキャリアセンターへ

松本大学が開学して早いもので今年（平成二四年）で一〇年になる。平成一八年三月より総合経営学部生が、平成二一年三月より人間健康学部生が卒業となり、この一〇年間で約四二〇〇名（総合経営学部約一五一〇名、人間健康学部約五三〇名、短期大学部約二一六〇名）が卒業している。この一〇年を振り返ると、それまでとは大きく変わった点がいくつかある。

(一) それまでと大きく変わったこと

まず一点目は、学生たちが就く仕事の職種の広がりである。今までの女子学生の占める割合が高い短大とは異なり、総合経営学部生は男子学生が大半を占めている。就職支援の方法は、男女による差はそう大きくないが、事務職希望の多かった短大生に較べ、文系大学生は総合職や営業職といった採用が大半となるため、今までより多くの企業情報を得る必要性が高まる。また、人間健康学部の開設により、今まで就職実績のまったくない栄養士や運動指導士などの資格を活かすことができる就職先確保が必要となる。病院や福祉施設など、学生の希望を考慮した企業開拓や企業情報の収集がより一層重要性を増すことになる。

二点目は「就職課」から「キャリアセンター」に名称変更になったことである。平成一八年（二〇〇六）四月より就職課はキャリアセンターとなった。就職課時代は、就職活動年度生の就職支援、いわゆる出口対策に終始していた。しかし、学卒無業者の増加、離職率の増加、若年層における社会人・職業人としての資質・素養の欠如などの社会的要因を背景に、低学年から大学でのキャリア教育（註）の必要性が説かれるようになった。そのため本学でも、早い時期からの就業意識醸成のため「キャリアセンター」と名称変更し、出口だけでなく入り口からの支援にも力を入れることになった。また、近年の新卒の就職環境が厳しい状況を反映して、卒業時点で就職が決まらないまま卒業する卒業生への就職支援も行うことになり、入り口から卒業後までトータルに支援を行っている。

(二) 授業（キャリア系科目）での取り組み

大学での就職支援は、短大で培かった就職支援に創意工夫を重ね、学生の状況に応じて修正を加えながら実施している。また、短大での就職支援も多様化する学生状況や社会情勢に応じて実施している。就職活動で必要不可欠な内容の伝達を図れるように、キャリア支援系科目は必修とした。

具体的には、平成二一年（二〇〇九）度より、総合経営学部では「キャリア形成Ⅰ」「キャリア形成Ⅱ」を必修化し、人間健康学部では、「就職支援ガイダンス」を正課外科目ではあるが全員が受講できるよう授業の空き時間帯に時間割化している。また、短期大学部では、平成一五年（二〇〇三）度より「キャリアクリエイト」、平成二〇年（二〇〇八）度より「キャリアスタンダード」を必修化している。必修化することにより、就業意識・就職意識の低い学生にも指導・支援することが可能となり、全体的な底上げにつながっている。

(三) 授業以外の主な取り組み

また、授業以外の取り組みも多くを講じるようになっている。授業以外の主な取り組みでは、「入学前教育」「キャリアカウンセリング」「インターンシップ」「就職合宿」「合同企業説明会」「単独企業説明会」「各種希望制講座」などがある。

①入学前教育

入学前教育は、目的意識を持たずに何となく大学進学をしてくる学生（モラトリアム学生）の増加や、自己肯定感や自分に自信が持てない学生の増加を背景に、平成一七年（二〇〇五）一月より導入している。入学生が大学生活（学修や各種活動、生活）への期待感と、自分なりの目的意識を持って、四月を迎えられるようにすることを目的に「集合セミナー」「キャリアカウンセリング」などを実施している。

②キャリアカウンセリング

キャリアカウンセリングは、現在では、入学予定者も含め全学生が一年に一回実施している。学年に応じたテーマを設定しながら専門のカウンセラーと話す機会をつくり、現況の整理・明確化を行い、今後の自分を考え、また不安・心配・悩みの軽減を図っている。平成一六年一月に実施した「就職支援バスツアー」の一企画として始まり、平成一六年度より入学予定者のカウンセリングもスタートし、現在のかたちに至っている。

③インターンシップ

インターンシップは、就業体験を通じ自らの仕事やキャリアについて考え、今後の学生生活における目的意識を明確にすることを目的に、大学では平成一六年度、短大では平成一八年度より希望者を対象に実施し、約七〇社の企業に受け入れの協力をいただいている。

④就職合宿

就職合宿は、平成一五年度より実施している。当初は「就職支援バスツアー」と称し、三年生全員を対象としていたが、学生の就業意識に差があることなどから、実施時期・対象・場所など随時検討し、現在では、三年生の夏休み中に希望者対象で実施している。

就職合宿における模擬面接風景

⑤合同企業説明会

本学の第一体育館で開催する合同企業説明会は、学部一期生が三年生の平成一六年度より開催している。一二月（平成二一年度と二二年度は一一月）、二月（平成二一年度までは三月）、七月の年三回実施し、一回あたり約五〇社の企業に参加いただいている。学生にとっては企業研究や求人情報の収集などの絶好の場となっている。平成二二年度からは、七月開催の合同企業説明会では「まつもと広域ものづくりフェア」の一企画として、松本商工会議所・塩尻商工会議所・安曇野市商工会から企業募集に協力いただき開催するに至っている。

⑥単独企業説明会

単独企業説明会は、企業の具体的な企業情報や求人情報を直接学生に語っていただくことにより、企業と学生のより近い場の提供を目的に、平成二二年（二〇一〇）度より積極的に開催している。年間約五〇社の企業に開催いただき、多くの学生が内定に至っている。

⑦各種希望制講座

各種希望制講座は、「集団討論・集団面接・ディベート対策講座」「金融勉強会」「メイクアップ講座」「筆記試験対策講座」「就職特訓講座」など、さまざまな講座を開講し、学生の就職意識の醸成を図るとともに、実践的な就職支援を行っている。

㈣取り組みへの評価

松本大学の第一体育館で毎年開催される合同企業説明会

文部科学省では、大学・短大などが実施する教育改革の取り組みの中から、「優れた取り組み」を選び支援するとともに、広く社会に情報提供し教育改革をする目的で、平成一五年から平成二三年度まで「GP（Good Practice）」採択事業を実施した。本学では、キャリア・就職支援関係では平成一八年度に「キャリア教育をベースとした課程教育の展開」、平成二一年度に「大学全体が取り組む就職活動の支援を目指して」「産学連携・卒業生連携と就職ゼミによる支援体制の強化を目指して」の三プログラムが採択されている。教職員協働による日々の学生支援の実践がこのような高い評価につながっている。

(五) 就職状況

就職率は、経済情勢や雇用状況に大きく左右される。しかし、この一〇年間の本学の内定率は約九五％前後と高い率で推移している。これは、後述する松商の伝統と卒業生の活躍が大きな要因と思われる。卒業生の主な進路先は、女性は事務職系、男性は営業系を中心に、幅広い分野で活躍している。また、学科の学びを活かして専門職（管理栄養士、健康運動指導士など）に就く学生も増えている。

(六) 卒業生の活躍があって今がある

企業訪問をしていて身に染みて感じるのは、「松商の伝統」「卒業生のありがたさ」である。多くの企業から「卒業生とても頑張っているよ」「とても評判が良いよ」などのお褒めの言葉をいただき、突然の企業訪問をした場合でも暖かく迎えていただいている。また、求人が発生した場合でも、「いい学生はいますか?」と声を掛けていただいている。この企業と学校との信頼関係は一朝一夕にしてはならず、卒業生の弛まぬ活躍の賜物である。同窓生には本当に感謝の気持ちで一杯である。今後も先輩に負けない学生を輩出するよう、学生支援に日々邁進していきたいと考えている。

（キャリアセンター課長　丸山勝弘）

［註］キャリア教育（career education）　望ましい職業観・勤労感および職業に関する知識や技能を身に付けさせるとともに、自己の個性を理解し、主体的に進路を選択する能力・態度を育てる教育。

一二　高大連携事業の推進
――「地域貢献」を実践する取り組み

松本大学の教育施設および知的財産を活用した地域貢献活動の一つとして、高大連携事業がある。平成一七年（二〇〇五）度の文部科学省のいわゆる「将来像答申」における「高等教育と初等中等教育の接続」を受け、本学の「地域に有為な人材の育成」を理念とした組織的な高大連携事業が、平成一八年度より松本大学松商短期大学部においてスタートした。

岡谷東高校の生徒が松本大学でスポーツ健康学科の授業を受ける（平成25年7月2日）

㈠ スポーツ健康学科の連携事業

この短期大学部の取り組みをモデルとして、平成二〇年（二〇〇八）度から長野県立岡谷東高等学校と本学人間健康学部スポーツ健康学科が連携事業を開始し、連携協定が締結された（平成二〇年一二月一二日）。

当初は、同高等学校健康スポーツコースの一、二年生それぞれ約四〇名が年間を通して五回松本大学を訪問し、大学の授業の聴講、大学の施設を利用した授業体験に取り組んだ。平成二一年度からはこの取り組みに加えてさらに、本学教員および学生が同校を訪れ、同校生徒をアシスタントに保護者や地域住民への運動指導を実践。また、本学の教職・養教（養護教諭免許）課程履修中の二、三年生が高校の体育授業および保健授業の参観・分析を行った。同校生徒が本学教員から学ぶという機会だけではなく、本学学生が同校の教育現場に触れ同校教員から学ぶという貴重な体験の機会が加わり、双方にとって有意義な高大連携となった。なおこの取り組みは現在まで毎年度継続して実施されている。

(二) 観光ホスピタリティ学科の連携事業

この平成二一年（二〇〇九）度は、本学総合経営学部観光ホスピタリティ学科の白戸ゼミナールが、長野県小諸商業高等学校、コンビニエンスストア大手「サークルKサンクス」と連携して、小諸の農業の活性化と特産品の活用をテーマに商品開発に取り組み「松・小のつながりむすび」を完成させ、県内サークルK全店での二週間の期間限定販売を行った。高校生に対する地域に視点を据えた松本大学の教育を、地域の高校生に実践する高大接続教育の面からも重要な取り組みであり、特筆に値する。

さらにこの年度には、かねてから本学の福祉の教職課程における実習生の受入校であったエクセラン高等学校との間に連携協定が結ばれた（平成二二年三月一七日）。地域活動や教育理念など両校には共通する面が多く、この協定締結により両校の教育効果がさらに高まると期待された。

高大連携事業は、高校生にとってのキャリア教育の面からも有効な取り組みであり、この観点から本学総合経営学部は、平成二二年度に長野県白馬高等学校に対して連携事業を行った。同校生徒の、現代社会において求められる人間関係構築能力の育成に向けて、自他の理解能力やコミュニケーション能力の向上に取り組んだ。具体的には、社会人としてのマナー講座、コミュニケーション講座、プレゼンテーションの手段としてのパワーポイントの実技講座が全五回にわたり実施された。

(三) 進展する連携事業

平成二三年度は、これまでの事業に加えて新たに四校の高等学校との事業が行われ、本学の高大連携事業にとって飛躍的な進展の年となった。平成二三年四月、長野県飯田長姫高等学校との間で「教育協力協定」を締結し（平成二三年四月一八日）、同校における本学教育実習生の受け入れと実習指導、本学専任教員による同校における特別講義および教材研究協議の実施、同校生徒の本学授業への受け入れとキャリア教育の実施および生徒と学生の相互交流、地域活性化のための教育・研究の共同実施への取り組みがスタートした。この取り組みは翌年度、飯田市も巻き込んだ三者による「飯田長姫高等学校地域人教育推進に係るパートナーシップ協定」（平成二四年四月一八日）へと発展していく。

飯田市、飯田長姫高校、松本大学との間で協定締結（平成24年4月18日）

また、飯田長姫高等学校との協定と同様の内容で、長野県丸子修学館高等学校との連携事業にも取り組み、福祉をテーマとした本学教員による講義と学生による実践発表、および両校共同での買い物弱者問題に関する調査発表会が、長和町で開催された。同校とはこの年度の途中で教育協力協定の締結に至った（平成二三年一二月二一日）。さらに、長野県辰野高等学校商業科に対しても、本学教員による社会福祉をテーマとした講義を実施し、前年度から取り組んできた商品開発に基づき、完成した商品がサークルKサンクスにおいて販売された。福祉をテーマとした連携は長野県梓川高等学校とも実施し、さらに「上高地の活性化」をテーマとした講義やワークショップを開催して、同校生徒と本学の学生の相互交流が行われた。

(四) 高大連携事業の推進

平成二四年（二〇一二）度は新たに松商学園高等学校との間に連携協定を結び（平成二四年一一月二九日）、松商短期大学部との共催で、七月一七日から一九日の三日間で同校商業科生徒のべ二九八名を受け入れた。また、七月三〇日から八月一日には、飯田長姫高校商業科、辰野高校商業科、穂高商業高校の生徒一一三名を、三月二六日には飯田長姫高校商業科、辰野高校商業科、松商学園高校商業科の生徒七二名、丸子修学館高校教員二名を受け入れ、大学におけるビジネス系専門科目の講義、地域活性化関連の講義を行った。この取り組みは現在も継続実施されている。平成二五年（二〇一三）度は、県内商業系専門高校との高大連携事業においてさらなる進展が見られた。

県下商業系専門高校一九校加盟の長野県商業教育研究会が主催する、高校生による合同販売会「デパートゆにっと」開催に向けて、本学が「マーケティング塾」の担当となり、県下一二校四五名の生徒に対して四月から五回にわたって商品開発やマーケティングの講義を提供し、八月一九日からの三日間、長野東急百貨店での合同販売会の成功に寄与した。また、この関連として、二月八、九日の二日間、飯田ＯＩＤＥ長姫高校、穂高商業高校、長野商業高校とともに、本学の白戸ゼミナール（観光）、金子ゼミナール（短大）が、バレンタイン・スイーツの商品開発と販売を実践した。これらの取り組みは継続実施されている。

以上のように、本学開学から一〇年を経て、高大連携事業は本学の使命である「地域貢献」を実践する重要な取り組みとなってきている。本学の教育に対する高校生の理解促進、高等学校教育の質向上、また高校生にとってのキャリア教育、地域活性化思考の涵養等々、本学の「地域社会の振興と地域文化の発展に資する人材育成」につながり、今後ますます充実発展させていくべき取り組みとなっている。

（高大連携責任者　山添昌彦）

県下の商業系高校生による「デパートゆにっと」
（平成26年8月19日）

一三　エクステンションセンターの役割

(一) 設立当初のエクステンションセンターの位置付け

松本大学は設立の経緯から「地域立大学」を自称し、地域に開かれた大学になるべく全学を挙げて取り組もうとしていた。その地域との大学側の窓口としてエクステンション（拡張）機能を持たせたセクションがエクステンションセンターである。

当センターの当初の守備範囲は非常に広く、①地域社会と結びついた学生への教育活動支援（学習支援センター）、②地域社会への研究・教育活動の成果の還元を含む交流活性支援（地域交流センター）、③学部と連携した資格取得支援（資格取得支援センター）、④教員の地域を対象とした研究活動支援（地域総合研究センター）、⑤大学との係わりが国際的な広がりを見せる場合の国際交流支援（国際交流センター、平成一五年からスタート）が含まれると考えられていた。

エクステンションセンターの業務を大学と地域との関係性から、当時は次のようにカテゴライズしている。

①大学から地域への流れ

・大学の研究・教育のアクティビティーを地域社会に還元する（生涯学習・講師派遣など）。

・大学の施設を地域に開放して、地域社会の活性化に貢献する。

②地域から大学への流れ

・地域社会のアクティビティーを大学が出かけていって、利用しながら地域との連携をはかる（アウトキャンパス・スタディ）。

・地域社会のアクティビティーを大学の中に持ち込み、研究・教育の機能を強化する（教育サポータ教育システム）。

③地域と大学との協働

・地域社会と協力して、課題の探求とともに学生の教育に寄与する。

・地域社会の各種団体が、本学の施設などを利用することで、その成果を上げることを支援する。

(二) エクステンションセンター組織と各センターとの関連

本学は開学以来さまざまな経験を蓄積し、対応してきた。その受け入れ先の一つとして、エクステンションセンターは、学生や教員の実態により適合した形態へとマイナーチェンジを繰り返してきている。平成一六年（二〇〇四）度時点での体制を概観すると次のとおりである。

①教職員を中心としたセンター機能

ここでいうエクステンションセンターの役割とは、教職員を対象として地域社会との窓口機能を果たすセンターであり、その機能は左記の五つに分かれる。

・地域総合研究センター

地域が抱える課題解決のために、教員を紹介したり、共同で研究を実施したり、あるいは、地域への啓蒙活動や提言を行う。

・国際交流センター（平成一五年度～）

海外大学との提携を進め、将来的には外国人留学生の受け入れや、日本人学生の海外への留学に結びつける。また、海外からの本学視察を受け入れる。

・地域交流センター

学生の教育に関連する部分は地域づくり考房『ゆめ』へ移したため、地域社会の要望に応え、大学施設の利用に関する窓口業務を行う。

・生涯学習センター（学習支援センターから改名）

学生教育との関係に重点を置いていたアウトキャンパス・スタディやサポータ教員の登録業務が教務委員会に移行したことにともない、残された学習支援機能は、地域社会に向けた生涯教育支援に限られることになった。学習支援センターから改名した所以である。

・松本大学出版会

中野和朗初代学長の提案により、平成一六年より活動を開始した。新たに立ち上がった組織であるが、基本的には教員を対象にし、その研究成果を地域社会に問うものであるところからエクステンションセンター機構に含めることになった。

資格支援センターについては、設立当初は外部組織との連携を強めることを念頭においていたが、本学学生の資格取得意欲に応えることとなり、学生対象センター機能へ移した。

②学生を対象としたセンター機能

いつも学生が気軽に相談できる場所づくりを期待して配置された五つのセンターである。

・基礎教育センター

基礎学力のアップを目指し、日常の講義の理解を深めるだけでなく、就職試験の準備にも対応できることが期待されていた。

・地域づくり考房『ゆめ』

授業で学んだ知識を地域づくりの中で実践的に活かそうとする試みの場所で、本学の特徴的な教育活動を実現する。

・健康管理センター（仮称）

この時点では発足していないが、保健室機能と相談室機能を併せ持つものとする。一七年度には開設の予定。

・資格取得支援センター

財政面での問題が解決していないため、現状では教務委員会と情報センターが代行している。今後の課題である。

・教職センター

この時点では発足していないが、教職課程開設と併せてセンターを設置する予定である。

③教職員・学生へのサービス機能

短期大学時代からの経験に基づき、図書館、情報センターはそれぞれに実情を踏まえたサービスの強化を実践している。

(三) エクステンションセンターからエクステンション機構へ

大学が完成年度を迎えた平成一七年には、大学の発展・充実とともに、求められる機能が増加して、その組織的対応が求められるようになってきた。

大学設立当初からエクステンションセンターの役割の一つとして、大学として必要になるであろうと思われるセンター機能をエクステンションセンターの中で育み、それが一つのセンターとして機能すると、場所の確保から人的措置、予算の配分を行い、独立して活動できるようにする、という役割を担っていた。完成年度を迎えるころになると、独立して機能するセンターが増えてきた。そこで、それを包括する機能をもつエクステンション機構が設けられ、その下にすべてのセンター機能をまとめる形態をとるようになった。当時のエクステンション機構が包括するセンターは次のとおりである。

◎学生対象
　教職センター　基礎教育センター　地域づくり考房『ゆめ』　健康管理センター
◎教職員・学生対象
　資格取得支援センター　キャリアセンター
　国際交流センター　図書館　情報センター
◎教員対象
　地域総合研究センター　松本大学出版会
◎地域社会対象
　エクステンションセンター（施設貸出が中心）　生涯学習センター　地域交流センター

㈣ 現在のエクステンション機構

現在のエクステンション機構は、教育部門と管理部門とに分かれ、次の組織となっている。

①**教育部門**

エクステンション機構（教育部門）に機構長が置かれ、所属のセンターを統括している。各センターには運営委員会が置かれ、運営委員長の下、担当する教員と職員が協力してセンターを運営している。包括するセンターなどは左記のとおりである。

教職センター　資格支援センター　共通教養センター（キャリア教育センター・基礎教育センター）　情報センター　国際交流センター　地域健康支援ステーション　地域づくり考房『ゆめ』　図書館

②**管理部門**

エクステンション機構（管理部門）の機構長は大学事務局長が勤め、左記のセンターおよび委員会が含まれている。

健康安全センター　施設管理センター　人権会議（ハラスメント防止委員会・人権教育委員会・個人情報保護委員会）　危機管理会議（防災対策委員会・環境保全委員会）

かくしてエクステンションセンターは、地域への施設貸出窓口業務だけを担うことになった。松本大学の教育や地域貢献などに必要と思われる事業や組織をセンター内にまずは取り込み、そこで熟成させ、一つの組織として事業展開あるいは活動できるようになると独立させるという機能を果たしてきたエクステンションセンターは、開学当初の一つの役割を終え、エクステンション機構として次の段階へと歩み出しているのである。

（初代総務課長　松田千壽子）

松本大学の「地域力の教育への取り組み」と「地域貢献」

（件）

年度	地域力を大学教育へ		地域貢献活動（主な活動）				
	アウトキャンパス・スタディ	教育支援サポータ	公開授業特別授業	講演会・シンポジウム他	研究会・学習会他	講師派遣（一般）	出前講義（小・中・高）
平成14年度	5	24	11	7	13	55	4
平成15年度	43	2	9	7	7	59	8
平成16年度	84	18	2	18	4	78	16
平成17年度	89	23	5	10	8	47	24
平成18年度	129	89	3	12	5	155	26
平成19年度	97	30	5	14	2	252	57
平成20年度	123	43	6	16	5	288	59
平成21年度	118	57	5	16	5	284	74
平成22年度	117	54	6	19	3	294	52
平成23年度	116	72	4	13	8	242	58
平成24年度	121	55	7	14	5	261	46
平成25年度	145	51	3	24	19	242	56

一四　東日本大震災への取り組み
――東日本大震災災害支援プロジェクト

平成二三年（二〇一一）三月一一日一四時四六分ころに発生した東北地方太平洋沖地震によってもたらされた大災害は、マグニチュード九・〇で気象庁観測史上最大の地震となった。宮城県北部で震度七を記録したほか、岩手・宮城・福島の各県で震度六強を観測した。この地震により発生した大津波が東北地方から関東地方の太平洋岸に襲来し、各地に甚大な損害をもたらした。復興庁の発表によると、平成二四年一二月二六日現在で死亡一万五八七九人、行方不明二七一二人となっている（阪神・淡路大震災では死亡六四三四人、行方不明三人）。

石巻市での災害支援ボランティア

松本大学では、教職員や学生が可能なかぎり対等の立場で、また自主的に、ボランティア活動をする「東日本大震災災害支援プロジェクト」を任意に立ち上げた。

支援活動を開始する際、当初よりこだわったことは、①支援活動を単発的に終わらせずに、ある程度の期間、継続的に活動する。②支援拠点を宮城県石巻市大街道小学校区とし、定点で支援する。③地域丸ごと支援＝地域密着で支援する。

などの理念をもって対処した。

具体的な支援内容は、地域のニーズに対応し、平成二三年四月〜六月ころは、瓦礫撤去⇩泥出し⇩生活物資提供。平成二三年年七月には避難所児童対象のカウンセリングと学習支援。八月は浅間温泉に子どもたちを招いてのサマーキャンプ、自宅学習状況を把握するための調査。平成二五年八月までに三回のサマーキャンプ、小学校児童対象の学習支援など、多彩に展開してきている。カウンセリングに関しては、児童・その親・先生を対象に平成二三年七月から平成二六年度中、月二回継続して定期的に現地に赴き活動している。平成二三年夏以降は、小学校を舞台にした活動が目立っているが、あくまでも大街道小学校区（石巻市）という決まった地域をベースとした支援がプロジェクトのフィールドである（「きている」「している」と表現しているのは、平成二七年二月時点において、活動を継続しているからである）。

このような活動が展開できるのも、学長をはじめとした教職員の理解と協力が得られ、支援活動に関心をもつ学生が存在し、その活動資金の確保が揃ってはじめて継続してできるものである。資金確保にあっては、復興庁の予算を活用し、また基金団体の助成金、募金呼びかけ、イベント売り上げの還元、支援活動目的の各種企画、地域の方々や教職員の寄付などで賄ってきている。支援活動に関与した学生は、平成二三年度中の活動には三五回の派遣でのべ一四一名、二泊三日のサマーキャンプには二四八名の学生が参加している。

支援のフィールドをある一定の地域（＝大街道小学校区）に区切るという発想は、松本の地域づくりから学んだことを活かしたかたちである。学習支援（平成二四年五月からの活動）で学生が大街道小学校に行けば、「松本だ！」「松本だ！」と言って児童らが騒ぐようになった。石巻の

松本大学東日本大震災災害支援プロジェクト
大街道小学校・小学校区支援活動

支援に入った被災地
（平成23年4月）

大街道小学校再開のための準備
（23年6月）

松本大学サマーキャンプ
（23年8月、24年8月、25年8月）

被災地災害物産（さんま・かまぼこ・被災缶詰）の販売（23年10月・梓乃森祭にて）

学習支援活動
（23年5月～7月、24年4月～27年3月）

心のケア
（23年5月～27年3月）

地域の人も、「松本ナンバーの車を見ると、松本大学がまた来ているなと思うよ！」と言ってくださるようになった。

平成二三年三月一一日に起きた想定外の大災害を目の当たりにした学生は、何かを感じ、そして自分で活動してみたいと思い、行動した学生は確かな学びを得ていることを実感する。支援活動を終え帰ってきた学生は口々に、「普段の備えの重要さ」と「継続的な支援活動」を主張した。これからの具体的な支援活動は、地震のとき一年生であった児童が、せめて小学校を卒業するときまでを見据え、継続的に大街道小学校でのカウンセリング活動と学習支援活動を基本的に支援する体制を整える予定である。「支援」は一方的なイメージがあるが、決してそういうものではない。東日本大震災への取り組みが多くのことの学びの土台になっている。大学創立一〇年において足固めの意味でも重要な取り組みの一つだと思う。

（松本大学東日本大震災災害支援プロジェクト　尻無浜博幸）

一五　情報環境の充実
——進化する学内ネットワーク

㈠ 教育環境
施設面

教育環境設備については、平成一四年四月の開学に向けて学生数が増えるため、短期大学で使用していたロッカールームならびに視聴覚教室をパソコン教室へと変更した。この変更でパソコン教室が五教室から七教室へ増室となり、合計二〇一台から三三〇台へ約一三〇台を増台した。このとき変更した一教室には空き時間に個別学習が可能になるようキャレル机（前面および両脇をパネルで囲ったもの）を導入し、現在では三教室がこの形状となる。パソコン教室以外の一般教室については、平成二一年三月末には全教室にプロジェクターが整備され、当初はノート型パソコンを持ち込む対応であったが、AV機器ラック内に常設することが望ましいと判断したため、平成二一、二二年度にかけてパソコンを整備した。AV機器関係については、平成一四年の開学当初はVHS／DVD再生デッキを整備したが、平成二三年度にVHS／DVDからブルーレイ再生デッキに変更された。

平成一四年度以降からは、順次教室以外の四号館研究室前室、一号館フロア、六号館フロアについても、リースアップ後に購入した旧型のパソコンを整備し、現在では約一二〇台余りが設置されている。プリンタについては、人間健康学部の開設を機に平成一九年度六号館にロケーションフリーのプリンタを二台設置し、その後、短期大学部のGP補助事業が採択され、平成二一年度には一、二号館に各一台設置した。また、学生が学外であってもレポートや資格検定対策ができるよう、平成一七、一八年度にかけて貸出用ノート型パソコン三〇台ならびにデジタルカメラ一〇台を常設し、学生貸出サービスを開始した。すでに平成一三年度から開始していた、マイクロソフト社ボリュームライセンスのソフトウェアの貸し出しも、この一〇年間継続して実施している。

管理面

学務管理システムについては、それまで㈱管理工学研究所の「桐」を自前で構築したものを使用していたが、平成一四年の開学に合わせて約二年前からクライアント・サーバー型である㈱金沢総合研究所の「ACTS（アクティス）」を次期管理システムとして構築し、平成二一年度まで利用した。また、学務管理システムと並行して使用していた学生ポータルサイト「キャンパスWeb」についても平成二一年度で終了とした。平成二一年後期からはWebシステムである㈱ホクコウ「Mathfia（メソフィア）」にすべての管理がリニューアルされた。

学生証については、開学当初は磁気ストライプ型であったものを、人間健康学部開設に向けて、平成一九年四月からICチップおよび磁気ストライプ併用型へ変更した。この変更にともない、人間健康学部棟の六号館についてはすべての研究室および実験室などに電子錠を整備した。また同年、それまでは学生証作成については外注委託をしていたが、自学で発行できるよう学生証発行機を購入した。

(二) ネットワーク環境

ネットワーク環境については、インターネット接続をする上位回線および構内ネットワークに大別できる。

まず、上位回線は全部門（学校法人松商学園）の端末を対象とした構成となるため、教職員や学生数の増加とともにネットワークの負荷を軽減する対策として、それまでの一〇Mbpsから平成二二年一〇月に三〇Mbpsへ増速変更するとともに、平成二一年度コンソーシアム信州への参加が決定したため、平成二二年八月から学術情報センター（信州大学松本キャンパス経由）が運営するSINETへ再加入し、一Gbpsの高速回線接続が実現された。現在では、この上位回線二本を利用した負荷分散型ネットワークとなり、一方の上位回線が停止した場合であっても自動切替がされる仕組みが構築されている。各部門（松商学園高等学校⇔松本大学、ならびに松本秀峰中等教育学校⇔松本大学）との接続については、それまで一〇〇Mbpsの専用回線であったものを、平成二一年一二月に一Gbpsへ増速変更した。

構内ネットワークについては、平成一四年の開学と同時に、全教室・研究室・事務局に有線LANが一ポート一端末のスター型構成で接続がされ、平成一九年度各棟の基幹ネットワーク機器の二重化対応の整備がされた。無線LANは平成一四年度から順次整備がされ平成二二年に全館ほぼ接続できるよう構築がされているが、一部の施設（第二体育館・部室棟）については未開通である。

平成二五年度二月より、メールサーバーの入れ替えを行い、学生のメール環境をクラウドサーバーに移行し、利便性の向上を図った。また、平成二六年度には、学内のWi-Fi設備の増設を行い、講義棟でのネットワーク環境を整備した。

(三) 研究室・事務局環境

研究室環境については、平成一四年の開学当初から全研究室にパソコンおよびモノクロプリンタを各一台設置していたが、テキスト作成においてカラー印刷が必要とされたため、平成一九年度からモノクロプリンタからカラープリンタに変更された。

平成一九年度からは、教員の身分証による在席管理システムを導入し、学内五か所にあるプラズマディスプレイへ在席状況を表示するとともに、Ｗｅｂ環境での閲覧を可能とするサービスを実施した。このサービスにより学生は、研究室に出向かなくても教員の在席を確認することが可能となった。

電話設備については、平成一四年度開学時に構内交換機（ＰＢＸ）をリニューアルし、教職員一人一台の環境を整備した。研究室には、それまでの固定電話をＰＨＳへ変更したため各研究室への配線が不要となり、増設する場合であってもＰＨＳのみ購入する対応となった。事務局については、多機能電話の配置と各部署に数台ＰＨＳを設置し、現在では電話機一〇九台、ＰＨＳ一四五台、計二五四台となった。

災害時対策として、事務局が保有するデータについては、平成二一年度から長野市にある㈱電算のデータセンターを利用した外部データバックアップが開始された。また、学務管理システムのデータについては、平成二四年一〇月から月一回㈱ホクコウ（岐阜市）へのバックアップが開始された。

（情報センター課長　清水康司）

一六　地方小規模大学に存在する「小さな驚き」
――松本大学出版会

平成一五年（二〇〇三）六月一八日付で当時の中野和朗学長から、全専任教職員に「松本大学出版会」の立ち上げに関するアンケートへの協力依頼があった。アンケートに添えられた当時の中野学長の熱き思いを抜粋すると、次のとおりである。

（前略）本学の優れた研究活動をもっと鮮明に社会にアピールする必要があると思います。その方法はいろいろ考えられます。（中略）そこで、一つの有効な方法として、「松本大学出版会（仮称）」を作って、多士済々の本学のスタッフの研究成果を本として、総括的に出版し、社会へアピールするのはいかがかと、考えます。このことについて、教職員の皆さんのご意向、ご意見をお伺いしたいと思います。（後略）

このアンケートの結果、反対意見はなかった。教職員からさまざまな賛成意見が寄せられ、出版会を立ち上げる方向で進めることになるや否や「松本大学出版会のデザイン（案）」が示され、検討に入った。検討されたこのデザイン（案）は、「松本大学出版会要綱」となり、平成一五年一一月一九日の第五回全学協議会で承認され、これに沿って出版希望者を募ることとなった。具体的な募集開始としては、次年度の平成一六年六月九日付で、出版書籍の装幀（案）が二タイプ提示され、出版申込書が専任教員全員に配付された。要綱が規程として整備されたのは、平成一七年二月一日で、出版会は図書館に置かれ、松本大学出版会運営委員会によって運営されることになった。

晴れの第一弾は、初代学長の教育理念に触れたエッセイ『〝幸せづくりのひと〟づくり』であった。収容定員が二千人にも満たない、地方の新興大学に出版会が誕生した瞬間であった。

出版会は中野学長の「地方の小規模大学といえども研究に裏打ちされた教育を行う」という熱意に基づき、研究環境を整える一つの施策として誕生したのであった。以来、平成二六年（二〇一四）度まで、二三冊の書籍を出版してきた。その内容も、当初は教授陣の研究発表の機会という色彩が強かったが、その後、学生や教職員と地域住民との地域連携活動が活発になるにつれて、教育活動や学生の地域実践、講演録を取り扱うなど、フィールドが広がった。それにつれて、読者も広く一般人を対象とする傾向になり、装幀も本の内容を配慮したバラエティに富んだ、読者が手に取りやすい装幀へと変わってきた。

書籍販売は、地方・小出版流通センターを通じて行ってきた。在庫の山を築き続ける出版会に経営陣から苦言があり、本づくりを二年間見送ったこともあった。現在では、出版会の意義や広報的な効果を理解いただき、順調に出版を続けている。最近では、大阪や東京から注文が入るケースも出てきた。平成二二年には出版目録も作成し販売拡大を図っているが、現在に至るまで採算ベースに載せることができていない。基本的な考え方としては、あくまでも本学の研究や教育内容のアピールという、広報的な考え方のもとで事業を展開しており、ベストセラーは望まない。さらなる広報的な効果を図るため、今後インターネット上での販売を視野に「アマゾン」への出店を計画している。

松本大学は、地域をキャンパスと考え、学生や教職員が一体となって地域連携活動を実施している。これらを教員の研究活動と同様に書籍として広く世に問い、大学教育に反映させることが今後重要になってくるであろう。松本大学の研究・教育活動のすべてを、定期的に書籍として世に発信し続けていくことが大学の出版会としての使命であると考えている。とはいえ、一度でいいからベストセラーを出してみたいものである。

（松本大学出版会　松田千壽子）

松本大学出版会の出版書籍一覧

	書籍名	著者・編者・監修者	出版年月
一	〝幸せづくりのひと〟づくり	中野和朗著	平成一六年一二月
二	法人農業経営の経営戦略と診断	成　耆政著	平成一六年一二月
三	現代日本社会と経営学—学習と分析の手引き—	一寸木俊昭著	平成一七年二月
四	チェーホフの肖像—医師として、患者として、作家として—	仲間秀典著	平成一七年一一月
五	金融改革と信用秩序—金融システムの安定性と効率性—	太田　勉著	平成一八年二月
六	信州文学の肖像	腰原哲朗著	平成一八年五月
七	留学生を育てる—グローバル化社会の青年たち—	佐藤　進著	平成一九年三月
八	続〝幸せづくりのひと〟づくり	中野和朗著	平成二〇年三月

九	続・老人達のおきみやげ	松本大学地域総合研究センター編	平成二〇年三月
一〇	運動と栄養―カプサイシンを中心にして―	呉　泰雄著	平成二〇年三月
一一	地方短大の役割とキャリア教育　―松本大学松商短期大学部の取組―	糸井重夫編著	平成二〇年三月
一二	健康な地域づくりを目指して	住吉廣行編著	平成二〇年三月
一三	日本経済の変容と人材	糸井重夫編著	平成二一年三月
一四	まちが変わる―若者が育ち、人が元気になる	白戸　洋編著	平成二一年三月
一五	公民館で地域がよみがえる	白戸　洋編著	平成二二年五月
一六	女性起業家に学ぶ	今井朗子編	平成二二年一一月
一七	アクセシブル・ツーリズム ガイドブック in 台北	尻無浜博幸監修	平成二三年三月
一八	「売買と貸借」の諸相　―おつりの計算から社債の発行まで―	松原健二・長島正浩著	平成二五年一二月
一九	21世紀の長野県を展望する　―松本大学創立10周年・松本大学松商短期大学部創立60周年記念公開講座―	松本大学・松本大学松商短期大学部周年事業実行委員会編	平成二五年一二月
二〇	アクセシブル・ツーリズム ガイドブック in 釜山	尻無浜博幸監修	平成二六年三月
二一	シニアのための堅実な資産運用　―ゆとりある生活のために―	藤波大三郎著	平成二六年七月
二二	ローカルとグローバル　―グローバル時代における大学教育―	松本大学ＣＯＣ連絡会議編	平成二六年九月

一七　県立大学騒動記――平成二一年〜二五年

長野県短期大学の同窓会である「六鈴会」は平成四年（一九九二）ころから、県短期大学の四年制化を長野県議会に要望していたが、歴代知事はこれに応じなかった。ところが平成二一年（二〇〇九）、当時の村井仁長野県知事が長野県短期大学の四年制化について検討を始めることを表明し、阿部守一新知事に代わり、平成二二年二月に県は「長野県短期大学の将来構想に関する検討委員会」を立ち上げた。

この動きに対し、当時の長野大学（上田市）の成沢一之理事長が県経営者協会に働きかけ、協会から本学と長野市の清泉女学院大学に声をかけ、県立四年制大学設置の反対表明をしようということになった。県内の私立大学はすでに定員割れをしている大学が多く、ここに県立で大学が設置されることは県内私大にとって死活問題と捉えていた。

平成二二年九月に経営者協会と三大学により阿部知事と県議会議長、県議会各派に対し次の内容の要望書を提出した。

①少子化が進み、全国で定員割れを起こしている大学が増えているこの時期に、県の税金を投入して四年制大学をつくるべきではない。
②仮につくる場合でも、県内私学を圧迫しないような学部・学科の設置を望む。
③県組織の中に長野県の高等教育振興のための部局をつくるべきである。

検討委員会は八回にわたり開かれ、その結果「県短期大学を四年制化することが必要」との結論を出し、これを受けて県は平成二四年二月に県短期大学の四年制化の方向を正式決定した。さらに県は、平成二四年（二〇一二）五月に有識者による「県立大学設立準備委員会」を立ち上げ、大学の内容の検討に入った。

この動きに対し、平成二四年六月には長野大学・諏訪東京理科大学・清泉女学院大学・松本大学の四私立大学でふたたび阿部知事および県議会議長に対し、次の内容の要望書を提出した。

①県立大学には県内私大と競合する学部・学科を避け、私学では財政的にみて運営が難しい現代社会のニーズの高い学部・学科を設置してほしい。
②入学定員を多くせず、適正規模の大学にしてほしい。
③県当局・関係諸団体と県内高等教育関係者の話し合いの場を早急に立ち上げてほしい。

これまでの動きの中では、県議会は新しくつくる県立大学に「管理栄養士養成課程」を盛り込むことの意向が強かった。しかし、県議会の自民党県議による「一二三会」は私大の考え方を聞くべきと、勉強会開催を本学に申し入れてきた。これを機に四私大は県議会各派に対し、私学の現状と県立大学設置による私学への影響などを説明し、理解を求めた。

阿部知事は平成二四年九月の県議会において、県立大学基本構想の素案として総合マネジメント学部に総合マネジメント学科とこども学科の一学部二学科体制の案を発表し、この時点では「管理栄養士養成課程は必要性が低い」と設置を見送る意向を示していた。これに対し、自民、改革・新風、共産党の議員が「管理栄養士養成課程」が盛り込まれていない点に強く反発した。そして、会派を越えた長野市選出議員を中心として「県短大の四年制化にむけた懇談会」をつくり、県に対し強力に働きかけを行い始めた。

その後三か月もしないうちに、県は素案の内容をひっくり返し、管理栄養士養成課程の設置の必要性を訴えに、県総務部長が本学へ来学した。しかし、住吉学長、高橋慈夫法人事務局長、大学事務長の小倉（私）の猛烈な反論を受け、説得ができずに終わった。

平成二五年二月には県の設立準備室の座長である和田恭良副知事は、長野大学・諏訪東京理科大学・清泉女学院大学の学長との意見交換会を催したが、県側と私大側の意見は平行線のままに終わった。

平成二五年五月には和田副知事が本学へ来学したが、この時も具体的な展開はないまま帰った。その後、県側は本学園の役員らに個別に説得を始めたため、松商学園の理事会は平成二五年五月三〇日の理事会において、「長野県立大学に管理栄養士養成課程を設置することに絶対反対」の決議を行いマスコミに発表した。

平成二五年六月一九日に「県立大学設立準備委員会」は六回目にあたる最後の委員を開催した。この席で県側から委員に次の原案が示された。これに対して複数の委員より異論が出されたが、和田座長は「事前の話では反対者はおらず、本日は賛成の立場からの意見とみなす」と、なかば強引ともとれるまとめ方で可決した。

・総合マネジメント学部　総合マネジメント学科（入学定員一六〇名）
　グローバルマネジメントコース
　公共経営コース

・健康発達学部
　こども学科（入学定員四〇名）
　健康文化学科（入学定員四〇名）
　　健康社会コース
　　食健康コース

　そして、六月二一日には阿部知事がこの案をもって本学住吉学長の説得に来学した。しかし、住吉学長は頑としてこの案を認めず、三時間にわたる会談は物別れに終わった。この日はほとんどのマスコミ各社が押しかけ、夕方のニュースでは本学からインタビューを生中継するテレビ局もあった。

　平成二五年六月二四日、阿部知事は私大側の要望を無視したかたちで、原案どおり「新県立大学基本構想」を発表した。

　これに対し、七月三日に四私立大学は学長名で次の内容の要望書を提出した。

①かねてから要望していた県内私大と競合する学部・学科を作らないという点が反映されなかったことは遺憾（学部・学科構成には納得していない）。
②入試での学力条件や海外研修制度、全寮制などレベルの高い層を確保するための施策は完遂すること。
③設置経費や運営経費を早く明確にして県民に公開し、広く意見を求めて検討すること。

　さらに同日、松本広域連合・松本広域連合議会・松本周辺選出県議会議員有志より相次いで基本構想案について慎重に進めるべきとの意見書が県知事・県議会議長に提出された。また、菅谷松本市長は一貫して県の基本構想について疑問を呈し、小口塩尻市長は県立大学設立そのものに反対を表明した。反対運動は私立大学だけではなく、中信地区の自治体をも含めた運動に広がっていった。

ここに至って、松商学園の同窓会・校友会や地域の志ある方々により「新県立大学構想の見直しを求める会」が組織され、横山公一同窓会長を代表として署名活動に入った。

署名活動は松本大学同窓会、松商学園高等学校校友会、大学・高校の保護者、松本地区の自治体、松本商工会議所など組織的に広がり、同窓会は松本・塩尻の駅頭での街頭署名も行い、個々の企業にも協力を依頼し、中信地区全域に広がりをみせた。

約一か月の署名活動の結果、九万六千人に上る署名が寄せられ、これを持って「見直しを求める会」は、平成二五年九月二四日に阿部長野県知事および長野県議会議長に「新県立大学構想の見直し」を陳情、請願を行った。さらに同二六年二月一三日には、一五七三八名の追加署名簿を提出した。短期間ではあったが、この署名活動を通じて学園関係者は、地域の人々がいかに松本大学を大切に思ってくださっているのかを痛感した。

平成二五年九月の長野県議会は、「新県立大学構想の見直し」については継続審議の決議を行った。これは本学にとっては納得のいかない結果であり、「求める会」はさらに署名活動を継続し、ふたたび知事と県議会に対し見直しの要望を進めるに至った。

その後、新県立大学の理事長・学長それぞれの予定者が決まり、住吉学長と会談を行ったが、住吉学長の基本的な考え方は変わらず現在に至っている。

（大学事務局長　小倉宗彦）

第四章　松本大学のモデルづくり――地域とともに育つ

一　松本大学独自の教育手法
――アウトキャンパス・スタディと教育サポーター制度

松本大学の教育方法の特徴として、「具体論重視の教育」を挙げることができる。各分野の学問体系を理解するためには抽象的な理論の解説が必要であるということは重々承知の上で、あえて具体的な事象を体験することから始めて、それを突破口として学識を身につけさせる「帰納法的な教育システム」を採り入れたのである。このシステムを効果的に実施する有力な手段が「アウトキャンパス・スタディ」の実施であり、教育サポーター制度である。

アウトキャンパス・スタディは、できるかぎり実社会に出て現実に触れ、その体験から学生が自ら問題を見出し解決方法を模索するという、具体的な事例を勉学の重要なモチベーションにしようとするものである。また、教育サポーター制度は、研究者である教員だけではカバーしきれない現実を、その道の匠である地域の方々に教育サポーターとして隙間を埋めていただくというもので、両者とも地域の教育力を大学教育に取り込む本学独自の画期的な考え方であった。そして、この教育手段は「地域丸ごとキャンパス」へと発展してきたのである。

開学初年度は、「社会活動」「地球経営と科学」「環境問題」「演習Ⅰ」の科目で計五回のアウトキャンパス・スタディを実施した。特に住吉廣行教授（現学長）の「地球経営と科学」では一五コマのうちアウトキャンパス・スタディを二回実施した。最初のアウトキャンパス・スタディは開学以来初めての試みであり、一年後期からスタートする「環境問題」の科目（建石繁明教授）を先取りするかたちで、合同開催となった。また、「地域経営と科学」は必修授業であり、一年生全員と学長を含む全教員参加の、一日がかりのアウトキャンパス・スタディとなったのである。内容は、午前中は東京電力のテプコ館の見学、午後は乗鞍高原でのゴミ拾いと山菜採り、その山菜を調理し楽しみながら地域の宝を知る体験活動であった。

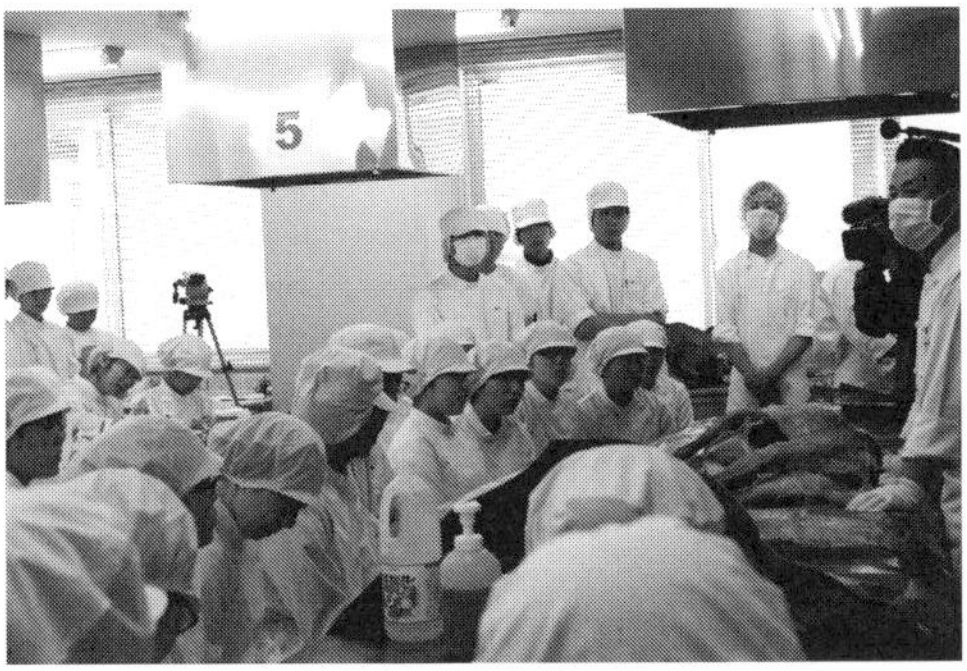

教育サポーター（茅野市エスポワールのオーナーシェフ・藤木徳彦氏）によるジビエ料理の指導（シカの解体）（平成22年5月27日）

一方、初年度の教育サポーター制度は、年間二四回の授業が地域の匠《たくみ》を招き実施された。すべての始めの一歩となった授業が、松本青年会議所（ＪＣ）のメンバーと実施した「まちづくりワークショップ」であった。これはＪＣのメンバーにとっては、地域の将来を担う学生と一緒に地域のあり方をともに考える機会であり、学生にとっては、これまでの授業の成果を地域社会に反映させる学習の場であった。このワークショップには、ＪＣメンバーのほかに市役所・企業・ＮＧＯ関係者もサポーターとして参加し、一八時三〇分から二一時まで実施。変則的な授業であったが、学生は時の経つのも忘れて夢中になって参加していた。この授業の詳細は『「まちづ

乗鞍高原で1年生全員と全教員参加のもとに開かれた第1回アウトキャンパス・スタディ（平成14年）

くりワークショップ」による共同授業報告』としてまとめられた。

また、記念すべき第一回目のアウトキャンパス・スタディと教育サポーター制度については、住吉廣行教授が「松本大学の教育理念・教育手法と『地域経営と科学』の教育実践」として論文にとり上げ、松本大学地域総合研究センター発行の『地域総合研究　第二号』に掲載されている。

アウトキャンパス・スタディが地域連携活動につながり、現在に至っている事例としては、平成一七年（二〇〇五）六月から総合経営学部地域行政コースの三つのゼミナール（白戸洋・高橋雅夫・柳沢聡子）が合同で実施した、松本市街の街づくりの現状に関する実践的な講義（アウトキャンパス・スタディ）を挙げることができる。松本中心市街地の活性化の拠点として、大学と商工会議所・松本市が連携して松本市中央の千歳橋の袂に設置した「まちづくりステーション・ふらっとプラザ」の運営の一角を、学生たちが担うことになり、このプラザが閉められるまで活動は続いたのである。また、その活動の一つとして、松本市中町と上土《あげつち》商店街の関係者から街づくりについての話をうかがいながら、町の現状を調べた。このことがきっかけとなり上土商店街と一〇年にわたる連携が始まった。

平成一八年には「大正ロマンの町」を謳う上土商店街のレトロな建造物などを巡る上土レトロラリーを商店街振興組合女性部の協力のもと開催し、平成二〇年には菓子店の多い町の特徴を活かし、上土スイーツラリーを実施した。当初は、学生主体の活動であったが、活動を積み重ねるうちに商店街振興組合と学生の協同事業として町全体に定着していった。平成二四年からは、街に人の交流拠点を創造することを目的に、「コミュニティカフェ上土日和《びより》」を隔月で開き、さまざまなイベントを通じて現在では、上土の賑わいの基点となっている。アウトキャンパスをきっかけにして、長年にわたり街づくりの活動を積み重ねてきたことで、街の人たちのやる気を引きだし、現在では松本でも元気な商店街として注目されている。

松本市のまちづくりステーション「ふらっとプラザ」で学生企画の学長懇話会
(平成17年3月5日)

余談ではあるが、地域連携活動に発展したこのアウトキャンパス・スタディは、平成二一年三月、学生の五年間の活動内容を『まちが変わる——若者が育ち、人が元気になる——松本大学生がかかわった松本のまちづくり』としてまとめ、松本大学出版会から発行することができた。学生たちの率直な感想や意見などは、この本を参照していただきたい。なお、この書籍は、法政大学地域研究センターの「地域政策研究賞」奨励賞を受賞することができた。

（観光ホスピタリティ学科長　白戸　洋）

二　地域づくり考房『ゆめ』

——地域連携活動を通じて学生を育む

(一) 地域と学生をつなぐ「地域づくり考房『ゆめ』」の開設

地域づくり考房『ゆめ』（以下、考房『ゆめ』）は、学生が地域をフィールドに自主的な活動を自由に行うためのサポートをするセクションであり、松本大学の「ゆめ」の形として平成一七（二〇〇五）年七月に誕生した。

設立当時を振り返って、住吉廣行副学長（当時、現学長）は次のように語っている。「学生が学びの面白さを理解しながら、もっと深く知りたいという思いから、自主的な学修活動に励む、これこそが本当の学びだ。その『本当の学び』をさせてあげたいと考えている時に、金沢工業大学のロボットづくりの経験を記した書籍に触れた。ロボコンに優勝したいという思いを梃子に、必要となる工学の基礎知識や技術を必死に学び始める。そこに理想とする学びの展開があった。あちらは工学部だから『ロボットづくり』、こちらは社会科学系だから何が対応するだろう。そうだ『地域づくり』だ！」とひらめいた。さっそく、金沢工業大学への視察を実施。構想段階では、無限の可能性を込めて「地域づくり考房『むげん』」と仮称していた。

地域づくり考房『ゆめ』のマーク

開学当初、長野県からのＮＰＯ法人立ち上げ協力依頼もあり、学生の地域での学習支援は「ながのコミュニティ・ビジネス支援センター」を地域と協働でＮＰＯ法人として立ち上げて、そこを拠点として展開する予定であった。しかし、大学の教育理念からしても、学生の教育機能をより高めるためにも、学内組織として組織改革を行い、学生の地域活動の拠点として生まれ変わることになったのである。

　学生や地域の人々がいつでも集まって活動できる拠点として二号館二階にスペースを用意し（現在は七号館二階）、学生をサポートとする専任の担当者も配置された。運営は、学長を委員長とする運営委員会によって行われることになりスタートしたのである。仮称であった名前は、公募により、考案者の三つの想いが、多くの学生の共感を得て「地域づくり考房『ゆめ』」に決定した。その想いとは、〝ニーズの芽を結ぶ場所「結芽《ゆめ》」〟〝自分が描く未来の「夢」〟〝遊び心の視点を持つ「遊眼《ゆめ》」〟である。また、考房『ゆめ』の〝考〟は、学生が考えながら創り上げていく場所にしたいと、住吉廣行副学長が考案され、学生と教員の融合によるネーミングとなった。

(二)〝生活必需品大学〟づくりの拠点、地域づくり考房『ゆめ』

　地域づくり考房『ゆめ』では、開設以来、地域と大学がつながる情報誌『ゆめ通信』を年四回編集・発行してきた。その第四号に掲載された初代センター長である中野和朗初代学長の言葉から地域づくり考房『ゆめ』への想いと期待を見ることができる。抜粋して紹介したい。

　松本大学は、〝幸せづくり大学〟を名乗り、「幸せな地域社会づくりへの貢献」を志として大学一丸となって奮励努力しています。（中略）私達の毎日の生活に欠かすことの出来ない物を「生活必需品」と呼んでいますが、こういう物が無くなると私達は途端に毎日の生活に窮してしまい

地域づくり考房『ゆめ』での会議風景

ます。実は、松本大学は地域にとってこんな大学になればいいなあと夢見ているのです。（中略）松本大学が、地域に頼りにされ、喜ばれ、感謝される存在となるために、さまざまなやり方が考えられますが、「地域づくり考房『ゆめ』」こそ、地域にとっての〝生活必需品大学〟づくりの拠点なのです。

この考えを主軸に置き、「地域づくりの活動を通じて、学生の地域人学習を進める」「大学における学問と地域人学習を結びつける」「大学の社会貢献を推進するとともに、大学の価値を高める」の三つのミッション（目的）として開設当初より掲げて運営してきた。

これまで学生は、学内外、世代を越えてたくさんの人と出会い、楽しく触れ合いながら、学部・学科・学年を越え、教職員や地域の方々（卒業生含む）とネットワークを組み、ともに力を合わせ、地域社会に向けてさまざまなり取り組みを行ってきている。「人の話と和と輪」「気づきと築き」「想像と創造の空間」を大切に、地域づくり考房『ゆめ』は学生や地域の方々が自由に出入りし、交流・相談・会議を行う場でもある。人材育成の重要な一翼を担う組織として、常駐の専任教員と事務職員が配置されている。学生は、考房『ゆめ』教職員のコーディネートに支えられて、地域活動を具体的な形にしていくのである。また、学生スタッフを平成二一年から配置し、学生の視点で情報収集・発信や相談を行い、研修会や交流会を企画運営している。

㈢ 産学官民の「連携」「協働」「共創」による考房『ゆめ』の事業展開

現在、地域と連携した教育を進める松本大学の認知が進み、さまざまなニーズが寄せられていて、ニーズ把握の窓口は、学内のさまざまな機関や教職員へと広がりを見せている。地域からのニーズは、高い専門知識が求められるものと、地域に活力を育むために求められるものがある。後者は、考房『ゆめ』の産学官民協働事業として学生を核とし教職員がオブザーバーとして関わり、行政・企業・NPO・自治会・学校など、地域にあるさまざまな団体や機関との「連携」「協働」「共創」により展開している。

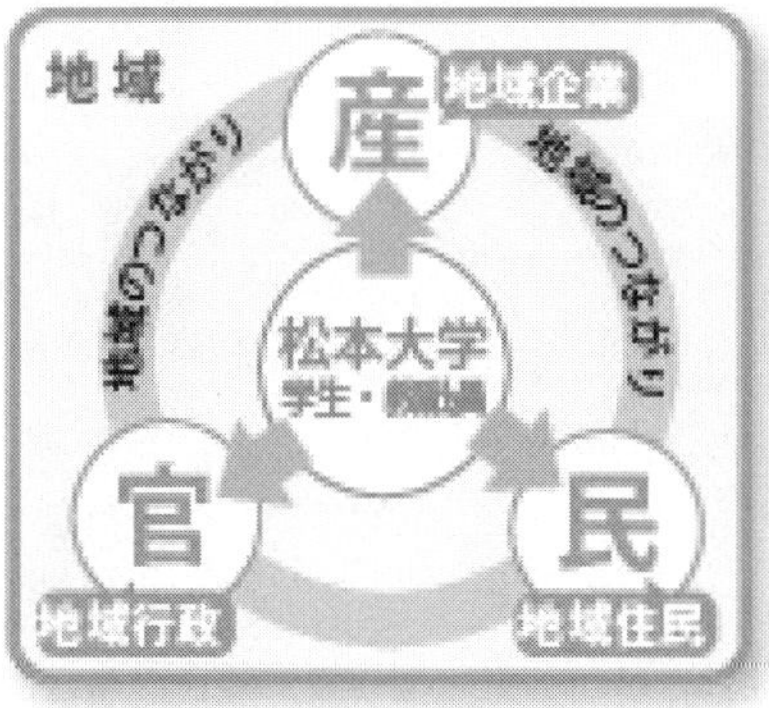

産官民の「連携」「協働」「共創」のイメージ図

考房『ゆめ』の事業は、①地域で企画された活動への学生の参加・支援、②関心や問題意識から生まれた、学生が企画する活動の実践、③学生と地域の方々との産学官民協働プロジェクトの実践、④学生と社会人がつながる講座や集い・研修会の開催などによる考房『ゆめ』自主事業、この四事業に整理できる。松本大学を中心として地域住民・地域行政・地域企業といった三つの組織群とのつながりの中で、産・学・官・民の連携による地域活動を展開している。

①は、地域活動への最初の一歩である。活動を通して、

地域づくりコーディネーター養成講座

学生は地域に関心を持つこととなる。学生が地域の課題を自ら知って、その上で主体的に動くことの中に教育の本質がある。そのため、専任教員が「学生に対する教育的効果があるか否か」を判断したうえで学生に紹介している。また、学生への強制はしないため、場合によっては実現しない企画も存在する。

②は、学生がこれまでに学んだ知識や技術を活かして、「できること」「やりたいこと」を主体的に企画し実施していく。そのことで自らの学びを広げ、地域の課題解決に向けた学生ならではの活動をしている。

③は、学生と行政・企業・NPO・市民が連携してプロジェクトを立ち上げ、地域の課題解決に向けその実行にあたる。学生は仲間づくりや企画・運営、話し合いや地域連携の手法を学びながら活動を具現化している。

②と③の学生の地域活動を資金面でサポートする本学独自の制度「学生チャレンジ奨励制度」は、学生による地域づくり活動を募集し、審査会を行って選考のうえ最高一〇万円の助成金を支給している。平成一九年後期から実施し、多い年で一四プロジェクトがエントリーし、一〇プロジェクトに助成金が支払われ、学生のやる気と主体性を育んでいる。

④は、学生と社会人がともに学び、高めあう講座や研修会・集いなどを開催し、協働プログラ

ムのきっかけづくりや各々の実践活動の次の展開に向けた学びの場となっている。これまでに「まちの縁側楽会」「まちづくりサミット」「高大交流フェスタ」「まちの縁側実践塾」「ファシリテーション講座」「地域づくりコーディネーター養成講座」「新経営塾」などを開催し、多くの協働プロジェクトが誕生した。学生と社会人との相互理解と学びあいが発想の転換につながり、重層的な活動となっている。

特に、活動を円滑に進めるためには、コーディネーション力を持つ人材がいることが重要と考え、平成二一年には、松本大学独自の資格「松本大学認定地域づくりコーディネーター」の養成講座を開講することとなった。「地域づくりコーディネーター」とは、いま地域社会で必要とされる「協働」に不可欠なメンバー間の対等な関係を築き、多くの人々をつなぎ、みんなのつぶやきや想いをカタチにしていく〝コーディネーション力〟や、関係者の潜在力を引き出しみんなの声を聞き、合意形成を図る〝ファシリテーション力〟を発揮する人材である。認定後には、本学との協働企画も生まれ、産学官民協働事業の地域側のコーディネーターとして、学生の人材育成に大きく貢献している。

(四) 地域活動がもたらす教育的効果と社会的効果

学生は地域活動を通じて、地域社会の姿を知り、地域の現状と課題に気づき、活動することで見えた課題を深く掘り下げて学ぼうとし、学習意欲が育まれていく。また、学びの視野を広げ、実践的な学習経験を専門的・理論的な学習に反映させ、専門の学習に活かしていこうとする。そのことで、さらに活動が充実し、学生は地域社会の問題や課題解決の糸口を学ぶことができるの

塩尻市の木曽漆器祭・奈良井宿場祭における
「伝統的工芸品木曽漆器による
賑わい創出プロジェクト」

である。あわせて学生は、実行力や責任感・自発性・協同・コミュニケーション能力など、社会的な面での成長や視野を広げることができ、交渉力・リーダーシップ・企画力など自己のスキルアップを図っている。

これまでに、考房『ゆめ』での地域活動実践と専門ゼミや講義での学びを融合し卒業論文制作を行った学生、地域での活動に必要なアンケート調査結果を専門ゼミの課題としてゼミ生とともに整理・データ化し、それを活かして地域の方々とともに活動を深めた学生、地域実践を通して三年次以降の専門学習への意欲を高める一歩となった学生、将来設計への足がかりとなり関連分野へ就職している学生、学生時代の地域活動経験が社会人となってからも職場や地域でさまざまな地域活動に取り組む卒業生などがいる。そして、社会人となった卒業生が、学生の活動をサポートする姿も見られる。平成二六年に実施した「キッズトレイン」はその一例である（二二一頁参照）。

地域社会では、学生が地域に関わることで、若者の活力が地域を元気にし、閉塞した地域に新たなつながりが育まれる。また学生の視点は、新たに地域の〝おタカラ〟を発見し、活動を重層的に展開することができる。それが、次代を担う若者育成と若者の地域への関心を促すきっかけとなり、持続可能な地域づくりに不可欠な効果が育まれている。

松本大学が所在する新村地区とは開学以来深い関係があり、そのことについてはこの後の「五地域住民との交流」の項で詳述する。また、これまでに取り組んできた松本市・塩尻市の産学官民協働事業の実践や、その他の活動は巻末資料編の一覧表に掲載した。

（地域づくり考房『ゆめ』　福島明美）

松本大学を会場に新村地区と合同で行なわれた防災訓練の炊き出し（平成26年9月1日）

三　学生とともに地域へ！　地域健康支援ステーション
――栄養と運動の専門性を活かした地域とのかかわり

学生の力を育てながら、地域の健康づくりを支援する組織として、平成二二年（二〇一〇）四月、人間健康学部健康栄養学科に地域健康支援ステーションが設置された。文部科学省大学教育推進プログラム（ＧＰ）事業【テーマＡ】の採択を受けてのことであった。

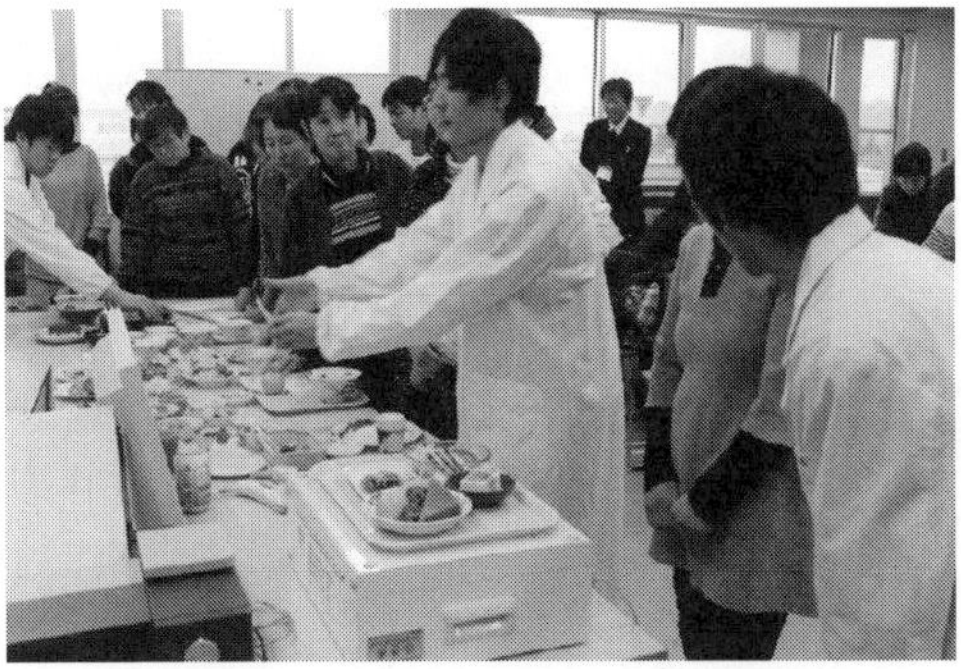
食育ＳＡＴシステム（註）の紹介

㈠設置目的と組織

ステーションの設置目的は、「専門職と連携した、実践的教育を通したロールモデルの提示と学習成果の構築」にある。健康支援の専門職が地域からの依頼を受け、学生の能力を活用しながらそれに対応していく。専門職は先輩職業人（ロールモデル）としての役割を担い、学生とともに活動する。学生は現実の課題を認識し、解決に向けて学習し、その結果、深い学びと実践力が育まれることをねらいとしている。

当ステーションの設置は、折しも、平成一九年に開学した人間健康学部に入学した学生（一期生）が四年生になるときであった。健康栄養学科では二年生までに基礎系科目をほぼ履修し終え、三、四年生では応用系科目や卒業研究・臨地実習、そして就職活動を行っていくが、まさに実践力を付け、社会に出ていく準備をする時期での設置であった。

教育との連携や実践力を重視することから、当ステーションの所長には学科の教員である廣田直子教授（栄養教育分野）が就き、専任スタッフには健康づくりの栄養指導を長年実施してきた管理栄養士の石澤美代子（筆者）が着任した。連携先として、廣田教授が副会長を務める長野県栄養士会や、筆者の前職である財団法人（当時）長野県健康づくり事業団に支援をいただきながらの船出であった。

船出に際し人間健康学部がある六号館の一角に事務所を開設させていただき、所長（兼任）と専任管理栄養士一名（筆者）の体制でスタートした。前例のない新しい部署であったため、広報を重ね、活動実績を一から積み上げ、学長の指導のもと所長と筆者の試行錯誤の日々であった。

その後業務の拡大にともなって、事務員（兼任）が配置され、平成二五年一〇月には文部科学省ＣＯＣ事業により専任の健康運動指導士が配属となり、栄養と運動の両面から健康づくりを支援できる充実した組織となった。

(二) 活動内容

平成二二年の設置以来、当ステーションが行った活動は三二三件に及ぶ（平成二六年一二月現在）。そのうち、健康・栄養教育（指導や調理実習、メディアへの出演を含む）が一二五件、メニュー提案三一件、運動指導一三一件、レクリエーション八件、その他二八件である。主な活動を紹介する。

メニュー提案した松本山雅ＦＣのスタジアム食（スタめし）

①メニュー提案と商品化——松本山雅ＦＣスタジアム食（スタめし）の提案

松本山雅ＦＣのホームゲームにおいて、スタジアムで販売される飲食物の提案活動を行っている。これは、スタジアムの飲食物から松本山雅ＦＣ、ひいては松本平地域を活性化しようという目的のもと、学生が今までの学びを活かし、地域の食材を使用、スポーツ観戦時にふさわしいもの、衛生的に大量調理できるもの、適温で提供できるもの……、という諸課題を勘案しながらメニューを提案する実践的活動である。

当ステーションでは有志学生による「松本山雅スタめしプロジェクトチーム」を編成し、平成二三年から現在までに八七品を提案し、スタジアム出展業者に四一品を採択・商品化していただいた。

三色勝吾飯（塩沢勝吾選手応援弁当）、小松なキムタクごはん（小松憲太選手応援弁当）のほか、とんとん拍子に勝！みそ丼、信州ＦＬＹリゾット、山雅カップ、サポーターぞくぞくさんぞくドッグ、ジュレっ茶うどん、ピザ風おやき、そば粉と抹茶のうずまきクッキー、山雅フィン、もっちーずたこ焼き、トン敵やまがっツ丼、山雅スムージーなどである。

多くの来場者（サポーター）に購入いただき、当ステーション提案の「スタめし」が地域活性の一助となっていることを学生とともに願うところであるが、成果として、学生の学びと進路選択（就職）に有益であったことは言うまでもない。メンバーとなった学生は前述の課題を解決するため、今までの教科書を開き復習することなどで学びを深め、また、地域の食材を調べ、自分のメニューを採択してくれた業者と交渉し、実際の販売を行うことで実践力を付けていった。それが学生の大きな自信となり、進路選択に迷いがなく早期に内定を得る学生が多数いたことも、本活動の大きな収穫であろう。

②地域の健康づくり支援（栄養教育・運動実践指導など）

地域や企業、学校などからの依頼を受け、学生を参加させながら、所長や専任スタッフが健康づくり支援（栄養教育・運動実践指導など）を行っている。この活動は、一回のみの支援から年間を通しての支援など多岐にわたる。

一回のみの支援では、企業の健康づくり講座やレクリエーション指導、料理教室、複数回支援では有線放送の番組企画、年間支援では高校運動部の栄養サポートや公民館での運動教室などがある。

健康づくり支援活動では、参加した学生は既習の内容を復習し、学びを深めることができる。健康栄養学科の応用系科目では、「栄養教育実習」（三年生履修）において指導内容を立案するといった学習や、支援の課題を解決する取り組みを学生有志のプロジェクトチームを編成し積極的に活動を行っている。また、スポーツ健康学科においても、「健康運動指導現場実習Ⅰ、Ⅱ」（三、四年生履修）では、スポーツ施設や運動教室で企画立案したものを指導実践するといったカリキュラムがある。当ステーションの地域支援活動に参加することで、学びをより理解し、さらには人の前に立って話すという〝プレゼンテーション力〟、思いを伝える〝コミュニケーション力〟が

特別養護老人ホームでのレクリエーション指導

養われる。

教育指導は、専門職として勤める以上さまざまな場面で必要となってくる。何らかの想いをこめて給食を作っても、説明（教育）がなければその想いは伝わらないし、この食事療法を患者に受け入れてほしいと思っても、説明不足では患者さんも選びようがないのである。運動教室で実践指導する場面においても同様のことが言える。年代もまちまちで体力も各人各様であることの多い現場では、声の大きさ、手の動かし方ひとつにも配慮が必要で、説明の技量が問われるのである。

自分の専門性を活かし、その方の人生に有益に関われることが〝プロ〟であるとするならば、学生諸君には学生時代に大いに経験してもらい、実践力をつけて社会で活躍してほしいと切に願う。

㈢ GP事業から本学独自の取り組みへ

約五年間の当ステーション活動において、関わった学生はのべ九四四名になる。また、それらの活動によって触れ合うことのできた地域・企業の方々は四〇〇〇人を超え、多くの方々から当ステーションの設置意義や取り組み、実施した活動を高く評価していただいている。大きな期待を込めて学生を激励していただいていることは、地域の大学としてありがたく思うところである。

ＧＰ事業で始まった組織であるが、ＧＰ事業が終了した平成二四年からは本学独自の特徴的な取り組みとして活動が継続されている。今後ますます発展し、本学学生の学びと進路選択において有益な組織となるよう精進していく所存である。

（前地域健康支援ステーション専任スタッフ・管理栄養士　石澤美代子）

［註］食育ＳＡＴ（サッと）システム㈱いわさきが開発したもので、ＩＣタグの付いたフードモデルを並べ、その人の「一食分（例えば夕食）」を選んでセンサーボックスに載せるだけで、瞬時に栄養バランスが分かり、その人の適量と比較した評価を五つ星で表わせる楽しい「体験型」栄養教育システムのこと。

四　地域とともに育つ大学へ

〈一〉地域連携の一つのかたち——山賊焼がたどった道

山賊焼事情

山賊焼は、鶏の一枚肉を醤油やニンニクのたれに漬け込み、片栗粉をまぶして豪快に揚げた長野県中信地方の郷土料理である。戦後直後に、塩尻市の「松本食堂」（現「山賊」）の主人が考案した料理で、その後、松本市や安曇野市に広がり、現在では飲食店のみならず、スーパーの惣菜コーナーに並ぶほどポピュラーな料理となっている。

平成一五年（二〇〇三）に松本市食堂事業組合青年部が地元の味として普及活動を開始したが、日常的に食べられていた料理であったため、当初はあまり関心を持たれることがなかった。

しかし、青年部の地道な活動が徐々に浸透し、松本市内で山賊焼を扱う飲食店が増え、定着の兆しが見えてきた。そのような中で、平成二〇年（二〇〇八）から松本大学白戸ゼミが山賊焼の普及に関わるようになった。

当時の一番の課題は、山賊焼発祥の地である塩尻市と、積極的に普及に取り組む松本市の間で温度差が大きく、時には対立することもあった。例えば塩尻市議会において、塩尻の特産である山賊焼が松本に取られているのはいかがなものかという議員からの質問もあり、両市関係者の溝は深かった。さらに、山賊焼が日常的に親しまれていることから、市民や飲食店関係者の中には、その価値を過小評価する人たちも多かった。

手打ち式――大学生の役割

学生たちは、大学祭で山賊焼を販売するなどの、活動を平成二〇年から開始したが、同時に山賊焼をより広く普及させるためには、松本市と塩尻市の山賊焼をめぐる確執を解消することが必要と感じた。そこで、山賊焼にかかわる関係者を広く集め、お互いにネットワークを組んで、ともに山賊焼の普及に取り組む体制づくりを図ることとなった。

平成二二年（二〇一〇）九月に松本大学において、松本・塩尻の関係者による「山賊焼を考える会」が結成され、最初の会合がもたれた。この会は、松本大学の学生が呼びかけ、松本市からは松本食堂事業組合青年部と㈲本郷鶏肉、塩尻市からは塩尻市役所ブランド推進室と加藤鯉鶏肉店が中心となって参加者を集めた。初回の会合には、元祖「山賊」の店主と松本で名店とされる「河昌」の店主が出席し、お互いに長年の軋轢《あつれき》を水に流して、今後手を取り合って山賊焼の普及に取り組むことが誓い合われた。これをきっかけとして、地域が一体となり山賊焼の普及活動が活発に展開されることになった。

利害関係がなく、何のしがらみのない学生が間に入ることで、長年のわだかまりを解消することができた。

新宿高島屋の「大学は美味しいフェア」で山賊焼きをアピール（平成24年6月3日）

地域ブランド化

山賊焼の会では、関係者と学生が自由に意見やアイデアを出し合いさまざまな取り組みが生まれた。「ケ」（褻《け》）というより「ハレ」（晴れ）の料理として山賊焼を売り出すために、クリスマスには学生が描いたイラストによるクリスマスボックスを考案したり、山賊焼に合う地酒のコンテストを行ったりした。また、三月八日を「塩尻山賊焼の日」、三月九日を「松本山賊焼の日」として定め、それぞれイベントを行い、現在も年々規模が拡大する催し物となっている。さらにコンビニエンスストアーから、学生が開発した山賊焼弁当の松本バージョン、塩尻バージョンの二種類を発売し、山賊焼ブームに火を付けた。

現在では、松本・塩尻のみならず、長野県を代表する名物料理として広く知られるようになり、マスコミを通じて全国にも発信されるようになった。松本市では、松本旅料飲食団体協議会を中心に七〇を超える加盟店で「山賊焼応援団」が結成され、より活発な活動が展開されている。また塩尻市では、ワインや蕎麦などの塩尻名物と組み合わせたブランド展開が図られている。

（観光ホスピタリティ学科長　白戸　洋）

〈二〉地域連携事業――滞在型健康志向リゾートの提案

レジャーブーム終了後、特に人口集積地から遠い観光地において、観光地の衰退が目につく。そのような中、「健康」と「観光」の結びつきについては、「ヘルスツーリズム」という言葉が生まれるほど、各地域で、その模索については進められている。しかし、実際に健康と観光の融合が本格的に図られている観光地域は、ほとんど存在しないのがその現状である。背景には、一時的な物見遊山的な観光の延長上から捉える、いわゆる「ツーリズム」という観点からのアプローチがほとんどで、旅行コースの一部としてのプログラム作成という範囲を越えていないことが挙げられる。

一方、国民の「健康づくり」への関心も非常に高まってきているが、「日常生活における歩行数」については男女とも年々低下しているのが現状である。国も、運動基準・指針改定、すこやか国民生活習慣運動、特定保健指導などを通して、歩行数増加のための支援強化が必要であるとしているが、その具体的な政策は未だ示されていない。

そのような背景の中、白樺湖畔にある大型リゾート施設、㈱池の平ホテルと松本大学は、健康志向の観光事業の開発・展開を目的に連携協定の調印を結んだ。

超高齢化社会の到来により、従来のファミリー向けプランに加え、中高齢者向けの新事業を模索していた同社の矢島義擴社長が、本学スポーツ健康学科が目指す〃地域の健康づくり〃に共鳴したことに端を発する。単に運動機器などハード面を整備するだけでなく、学術・研究的に裏付けられた運動プログラムをつくり、サービス提供することこそが、これからの「滞在型健康リゾー

池の平ホテルでのウォーキング指導

ト」の新しい形ではないかと認識されていた矢島社長から、直接相談があった。

　さっそく、自然豊かなフィールドと、最新のエビデンス（臨床結果などの科学的根拠）を活かしながらのプログラムの開発に取り組んだ。当初は、あくまで中高齢者を対象とした健康づくりがメインテーマであったが、すでにアスリート（ランナーが多い）からのトレーニングメニュー提供の依頼もあったため「ランナー用のメニュー」も追加した（余談であるが、マラソンなどの解説でお馴染みの金哲彦さんが代表を務める「日本ランナーズ」の皆さんが講座にお見えになったときには学生とともに驚いた）。

　平成二三年四月から平成二六年三月までの、いきいき診断プログラム利用者、各種健康講座参加者数は七〇〇〇名を超えた。プログラム・講座ともに参加目的の大半を占めたのが、減量、体力増加、正しい歩き方を知りたい、生活習慣病予防、などであった。また、健康講座終了後のアンケートから「自宅でも実践したい」「楽しかった」と前向きな感想が大多数であり、運動の取り組みに対する支援につながっていることが推測される。また、今回の事業と機を同じくして、白樺湖周辺一周三・八キロをウォーキングロードとした行政主導による事業計画が認可されたことは、運動指導によるリゾートホテルの健康づくり事業が評価されたことの証左の一つといえよう。

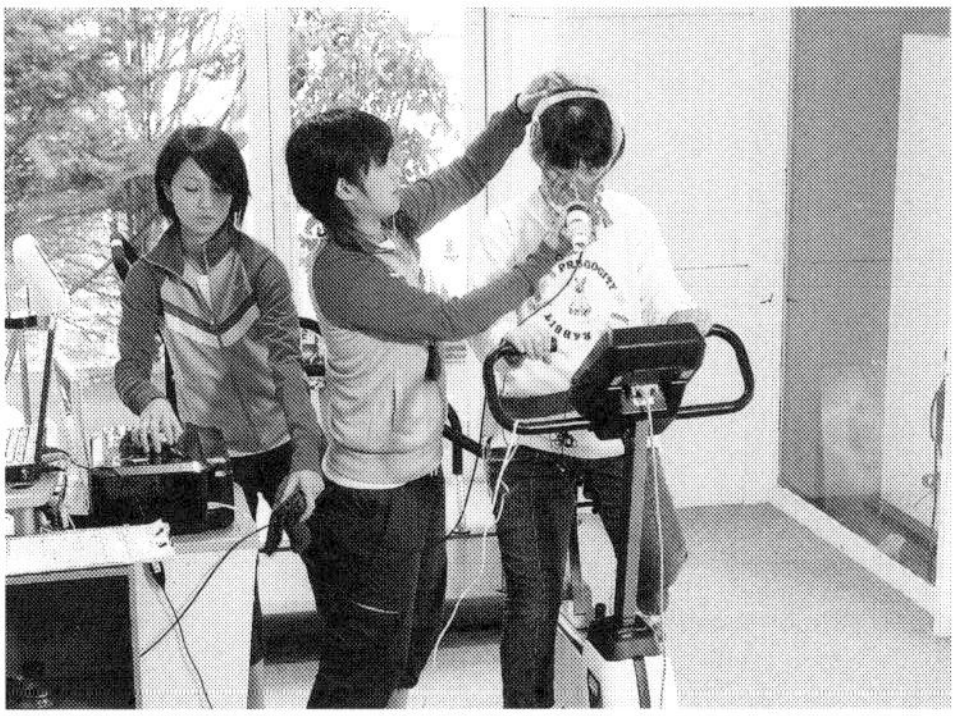
池の平ホテルでの「ランナー用のメニュー」

平成二三年四月から本格的に宿泊客や特定健診に対応する企業などを受け入れ、これらのプログラムを稼働させるため、現在までに同学科の卒業生三名（健康運動指導士）および健康栄養学科の卒業生一名（管理栄養士）を採用していただいている。同ホテルは、平成二六年一一月より諏訪赤十字病院で人間ドックを受けて数値改善が必要とされた人を、診断プログラムに受け入れる事業にも乗り出している。

今後も、自然豊かな白樺湖畔から、新しいモデルの健康づくりを全国に向けて発信し続けるよう支援をしていきたい。

（人間健康学部スポーツ健康学科教授　根本賢一）

五　地域住民との交流

〈一〉地域連携を支えてくれた人々

松本大学は地域の方々とともに、学生を育て、地域に学生を還元する教育方針を立て、開学以来着実に地域との協力関係を作り上げてきた。地域の方々の教育力は、当初の想定をはるかに越えた効果を学生たちにもたらした。大学の教員の専門性とは異なる地域社会の現実に裏打ちされた、さまざまな知識や知恵を学生は学ぶことができたばかりでなく、社会人としての素養を身につけ、現場に強い人材として育っていった。それは、時には新しい仕事を生み出し、本人の就職へと結びついたケースも生まれたのである。

現在に至るまで、学生との関わりを深めてきた地域の方々が大勢いる。ここでは特に、開学当初から本学の趣旨に賛同して、ともに学生の教育に係わっていただき、深く印象に残る方々を紹介したいと思う。

小野和子さん

小野さんは松商学園短期大学のころから、新村地区と大学をつないだきっかけと基盤を作ったキーパーソンである。松本大学開学以前、新村地区の大学に対する視点がかならずしも好意的でない時期に、小野さんは「新村には二つの宝がある。一つはものぐさ太郎、もう一つは大学だ」と、大学との交流を新村婦人会をはじめとする女性たちと共に始めたのである。女性たちを組織的に大学との交流活動に参画させるとともに、公民館や町内会に働きかけ、地域ぐるみの大学との関係づくりを続けたのである。女性たちの大学との関わりを見守り続けた新村公民館が、大学との連携を含めた新村の将来を考える会「新村公民館を語る会」を発足させたのが、大学開学一年前のことであった。その会で村の長老Sさんの、「少子高齢化が進み、若者の流出が続き、農地の維持が困難になっていく将来を考えれば、大学と手を繋いだ地域づくりを大事にすべき」という発言は感動的であった。

サークルＫ サンクスと共同開発した「カップドン」
（平成20年1月）

この会をきっかけとしてＪＡ松本ハイランド青年部新村支部との交流が始まり、農業経営の実習やグリーンツーリズムの体験講義などが行われ、現在に至るまで連携が続いている。新村産の米のブランド化を青年部と共に取り組み、サークルＫサンクスから「カップドン」として三回にわたり九品目を発売し、新村の米の宣伝に一役をかった。また、学生と青年部による「ひまわりプロジェクト」では、一〇万本を超えるひまわりを毎年大学周辺の休耕地で栽培し、現在では県内はもとより東京からも観光客を集める地域の風物詩となっている。

こうした新村を長く支えてきた方々の発言に象徴されるように、新村地区の人々の大学への考え方が変わってきたのである。これは開学後の松本大学の「地域で学ぶ」という教育手法の基盤となった。

　小野さんは、大学開学一年目の冬、松本大学と新村地区の良好な関係のスタートを見届けて他界した。告別式には、小野さんに育てていただいた卒業生や在学生が大勢参列し、生前の学生との関わりが偲ばれる別れの会となった。

「いばらん亭」から発売したソースとドレッシング（平成19年）

筒井敏男さん・六井洋子さん

　松本大学は、一〇年にわたり松本駅アルプス口（旧西口）周辺の地域づくりに深く関わってきている。そのきっかけは、当時田川地区福祉ひろばコーディネーターであった六井洋子さんからの一本の電話であった。駅前の再開発計画が進む中で、大きな環境の変化からコミュニティが崩壊する瀬戸際に立たされていた地域に、大学として協力をしてもらえないかという依頼であった。最初は再開発にともなう住民の立ち退きに関する法的な対応を考えてほしいとのことで、法律を専門とする教員がかかわることとなった。

　しかし、法的な対処では危機を乗り越えられないと考えた当時の副町会長の筒井敏男さんが、新たに街づくりの取り組みを始め、松本大学に協力を依頼した。街づくりの柱として、①北アルプスの稜線が眺望できる景観の保全、②高齢者が安心して暮らせるバリアフリーの街づくり、③田舎らしさを残し、活気のある街づくりを掲げ、学生と地域が手を取り合って具体的な活動を展開した。

住民と学生が松本駅のもう一方の東口周辺のビルの実態を調査し、高層階にはテナントが入っていないなど、地方都市の駅前に高いビルを建てるデメリットを明らかにするとともに、先進地の視察や街づくりの学習会などを積み重ねた結果、西口の駅前にビルが建つこともなく北アルプスの眺望が守られた。また、学生と住民によるバリアフリー調査などを通じて、自らの町を住みやすくする取り組みがなされ、広く段差のない歩道など松本でも先進的な町並みとなった。

さらに、地域の高齢者が元気に働き、松本を代表する食である蕎麦やお焼きを提供する蕎麦屋「いばらん亭」が平成一九年に開店し、地域の拠点として、学生の学びの場として、七年にわたり営業を続けている。

六井さんは街づくりの始まりとともに、社会人学生として総合経営学部に編入し、学生と地域を結びつけるコーディネーターの役割を果たした。

筒井さんは、町会長として、いばらん亭店主として、学生の受け入れの窓口となり、時には褒め、時には厳しく接して、街とともに学生を育てていただいた。

村瀬直美さん

村瀬さんは企業と大学が連携して事業に取り組んだ最初のパートナーである。建設業を営む村瀬さんは、住民のニーズを把握して仕事を進める必要性を感じ、その一つとしてＮＰＯ法人「人にやさしい街づくり協議会」を自ら設立し、自転車タクシー（ベロタクシー）の運行を計画した。そこで、大学に協力依頼があり、学生が事業に参画することになった。ベロタクシー事業と

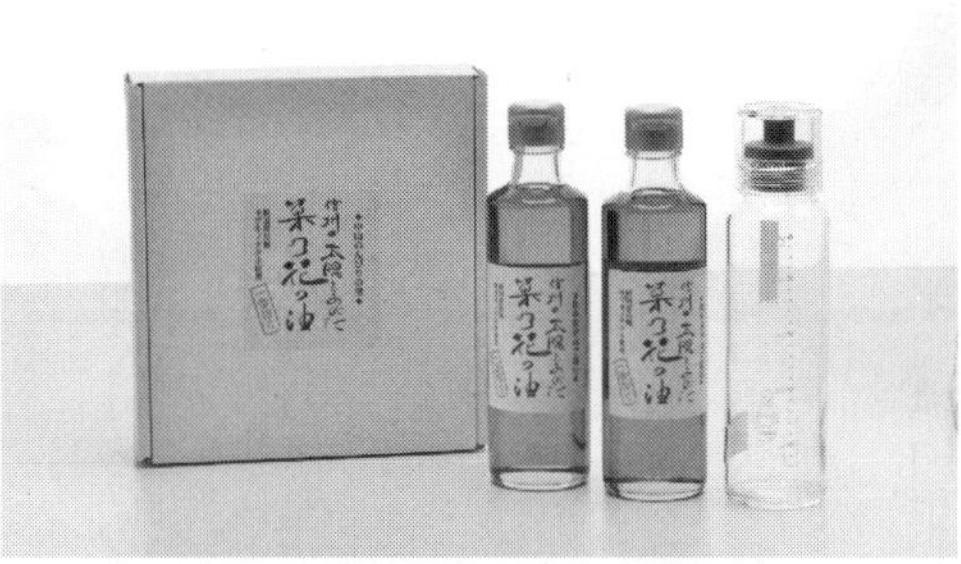

松本市中山の菜の花を使った「菜の花油ドレッシング」（平成24年5月）

は松本市の中心市街地において、観光振興や環境問題の解決、高齢者の移動手段の確保を実現することを目的とし、五台のベロタクシーをルートを決めて運行するものであった。村瀬さんを迎えての講義の実施や、シンポジウムの開催、ドライバーとしての学生の参加などさまざまなかたちで活動を行った。特に、ドライバーとして参加した学生は、お客さんとの会話や観光案内を通じてコミュニケーション能力を高めることができた。

その後、村瀬さんとの関係は深まり、村瀬さんが会長を務める松本市建設業組合が取り組んだ、松本市中山山間地の遊休農地の解消と建設業従事者の業態転換プロジェクト「中山のんびりの里づくり推進協議会」の一環として、菜の花を栽培・搾油、商品化事業に協力することになった。本学の地域健康支援ステーションの提言により、ドレッシング用として加熱しないで使用する油を商品化し、人間健康学部健康栄養学科の学生が菜の花の油を使ったレシピを考案して、商品に添えて販売するように工夫した。

また、同地において五月連休中に開催された「菜の花まつり」において、村瀬さんが企画および実行責任者となり、本学の健康栄養学科や総合経営学科の学生が多数参加してイベントを成功に導いた。

平成二四年六月、新宿高島屋で開催された〝大学は美味しいフェア〟では、人間健康学部・総合経営学部・短期大学部の学生が協力して開発した商品の販売に協力した。

村瀬さんは松本市において国際交流にも力を入れており、海外からの学生のホームスティ先として大勢の留学生の受け入れを行っている。その経験から松本大学の国際交流活動に提言や情報提供をしていただいている。まことに頼もしい松本大学の応援団である。

山崎肇さん・志賀丈師さん

平成二〇年から学生が取り組んでいる塩尻・松本地域の共同料理である山賊焼を活用した地域ブランドづくりは、食品企業や飲食店などの数多くの人たちと連携した活動である。特に、松本地域で山賊焼の普及に努めた松本食堂事業組合青年部の志賀丈師さんと、スーパーなどで山賊焼を惣菜として販売してきた㈲本郷鶏肉社長山崎肇さんには、学生と一緒の商品開発や販売促進など、さまざまな活動を通じて学生の指導に当たっていただいた。

大学祭で販売するために開発した、食べやすい大きさにカットしたスティック山賊は、現在では県内のサービスエリアなどで人気商品となっている。

志賀さんとは、山賊焼のクリスマスボックスの開発や、イベントでの販売、保育園や小学校の給食で子供たちに読み聞かせる山賊焼にちなんだ紙芝居の制作など、共同で山

“大学は美味しいフェア”で販売したオリジナル山賊焼弁当（平成24年6月）

「上土日和カフェ」のために開発した酒蔵３社の日本酒チョコとレトロール（平成25年）

賊焼の普及活動を行なった。さらに、サークルKサンクスからは、山賊焼を活かしたお弁当やパンを三回にわたり共同開発し、期間限定で六万五千食の販売をおこなった。

そして〝大学は美味しいフェア〟において両者の協力の下、オリジナルの山賊焼の弁当を開発し、県外に山賊焼が知られるきっかけづくりとなった。

農林水産省の研究所の試算によれば、平成二四年の段階で数億円の経済波及効果が認められるとされており、地域の人々と学生の取り組みが大きな成果を生んだ事例となった。

唐沢深さん・増田志津子氏さん

平成一七年から一〇年近く松本市上土商店街において、学生が継続的に取り組んでいる商店街の活性化と街づくりに欠かせないキーパーソンが、松本商工会議所の唐沢深さんと商店街振興組合女性部長の増田志津子さんである。商店街にかかわりたいと言い出した学生たちに「本気で長く続けられるか」と厳しく問いただしたのが唐沢さんで、その後活動を始めた学生たちの兄貴分として時には叱咤し、時には支えていただいた。

商店街と学生をうまく繋ぎ、学生のやる気を引き出した。一方で、増田さんはいつも学生の後見人であり、相談役として影に日向に学生の活動をバックアップしていただいた。

当初は「女将さんと学生で何ができるか」と、町の人々の学生に対する視線は厳しいものであったが、そのころから学生の味方になって支えていただいた方々がいたからこそ、元気に街づくりに取り組む現在の上土商店街が存在するのである。

（観光ホスピタリティ学科長　白戸　洋）

「大正ロマンの街」として街おこしをする松本市上土商店街の下町会館

〈二〉松本市新村地区との交流活動

新村情報交換会から広がる「話」と「和」と「輪」

地域交流の原点は、住んでいる地域であり、そこでの人と人との関係づくりである。松商学園では短大移転以来、所在地である松本市新村《にいむら》地区との交流に努めてきた。「地域づくり考房『ゆめ』」（以下、考房『ゆめ』）も開設以来、新村地区と連携を図りながら事業を進めてきた。その連携の要となるのが新村情報交換会である。この会は、大学の教職員や地域の関係者が月一回集い開催されてきた。ここは、ヒト・モノ・コトとの出会いの場であり、情報収集・交換・発信の場であり、創造の空間でもある。当初のメンバーは、公民館・福祉ひろば・支所職員と松本大学学生委員会や学生課および考房『ゆめ』の教職員であったが、次第にネットワークが広がり、今では新村地域にある児童センターや保育所、小中学校、地域包括支援センター、松本市福祉計画課、社会福祉協議会などの職員が集い、情報交換会を行っている。

新村地区の福祉を考える会合

その関係者ほかの協働事業として始まった地域交流イベントが新村音楽祭である。平成二三年までの八年間続いた、地域あげてのイベントであった。松本大学を会場に、一五〇〇人以上の地域の老若男女が集う、楽しい交流空間である。参加団体で実行委員会をつくり、みんなで創り上げてきた。そこには、いま地域に欠けている、また必要とされる〝サンマ〟（三間＝時間・空間・仲間）があった。学生は、実行委員の一員として参画し、会場設営や演奏出演、司会進行、遊びや食べ物ブースなどを担当し、自分ができることで、積極的に地域住民と関わってきた。なかには出演者として継続して関わる卒業生もいた。

松本大学を会場とした「新村音楽祭」

　学生はこのほか、運動会・文化祭などの地域行事の実行委員や「公民館報」編集委員として、また、「美術館巡り」「ふれあい健康教室クリスマス会」などの企画運営に携わり、地域の一員として役割を担ってきた。学生企画の「ものぐさパソコン教室」は、公民館と連携して新村・和田地区の公民館講座として開催し好評を得た。

　また、新村児童センターや保育所との交流、芝沢小学校登下校時の見守り活動での交流、自立支援学級との連携活動、高綱中学校ではサッカーや野球サークルなどでの社会人コーチ、第二コムハウスとの施設交流も行われた。

　これらの活動を通じて、地域住民との関係も深まり、地域の老人クラブや婦人会（現在解散）、ＪＡ女性部の皆さんとの昔遊びや食を通した学びの交流、未就園児親子で作る「ひよこの会」との交流なども行われてきた。

　学園祭「梓乃森祭」には、こういったつながりの中で学生と地域と卒業生で創る「ゆめひろば」を毎年開催し、地域の方々も大学の一スタッフとして、学園祭を盛り上げる役割を担っていただいている。

お店で楽しい縁側づくり

平成二四年夏には、創業明治元年（一八六八）の土蔵の趣を残した大学近くの「みすず屋雑貨店」を舞台に、考房『ゆめ』の学生プロジェクトによるさまざまな地域交流活動が繰り広げられた。学生が店をお借りし、地産地消をテーマに学びや経験を活かし、学生独自の企画で地域の方々と交流する場を創出した。

「ヘルシーメニュー」プロジェクトは、七、八、九月に月一回、地元の旬の食材を使って考案したメニューで「独自カレー」を作り、地域の方々と交流した。農業高校出身の学生を中心として一年生が始めた「築夢屋《ちくむや》」プロジェクトは、低農薬で安心安全な農産物や加工品の販売を六月から実施した。また、夏休みには「夏に負けない！ビタミンの摂取方法と、おうちで出来る簡単運動」と題して、栄養と運動両面からの健康教室や学生による手作りお菓子で交流するコミュニティ・カフェも開催された。新村地区住民はもとより、地区外からの来客者のほか生産者の方々との交流も深まり、農業・料理・食・健康のほか、暮らし全般にわたった会話も広がり、老若男女また、新旧住民の出会いの場ともなった。

このような活動を重層的に行うことができたのは、これまでの学生や考房『ゆめ』と店主さんとの関係づくりが寄与している。ことの始まりは平成一七年、一枚の絵からである。開設当初から関わりのあった新村婦人会長の新村元子さんから見せていただいたその絵は、魅力的な店舗の内装が描かれていた。それが「みすず屋雑貨店」である。数年前に主《あるじ》を亡くし閉店していたが、娘さんが改修・改築して、地域の方々が集う店にしたいと知り合いの設計士さんに描いていただいたものである。講義「社会活動」で総合経営学部の学生に見せたところ、実際に開店に向けた店経営を学びたいとの意向があり、店主の古屋美佐子さんと話し合い、学生が一緒に活動することとなった。

学生は、講義の合間にお店に出向き、極寒のなか廃棄物の片付けや店内家具の移動、整理、掃除を行いながら、店運営について検討し、開店に向けた企画も作り上げた。が、思いのほか改修に時間がかかり、残念ながら店の共同運営とまではいかなかった。その後、他の学生が関わり「戦争体験談を聞く会」「落語寄席」「独り芝居」「食文化の伝承（草餅づくり・蕗の煮物など）」「手打ちうどんパーティ」「昔の遊び（お手玉・あやとり）」「クレープ屋さん」「七夕祭り」「みすず屋四方山噺《ばなし》」「ぐるっと一周鉄道の旅」「コミュニティバスを利用した松本空港見学ツアー」など、さまざまな活動を通じて地域の方々との交流を深めていった。店主さんや地域の方々と一緒に学生が企画したもの、学生独自の企画に協力していただいたものと、活動はさまざま。開店日を使った協働イベントであった。

前出の学生の自主活動は、閉店日をお借りし実現できた。これは、これまでの卒業生や考房『ゆめ』と店主さんとの信頼関係によるものであると考える。店主の古屋さんは「学生がやる気を出して、考えてくれた。ここでの活動が卒業後に活かされることを期待している。学生の教育の一助になれたことがうれしい」と語っている。

ここでは、さまざまな立場の学生が集い、自分の関心ある分野に関して、講義とは違った、実践的で自主的に活動できる場である考房『ゆめ』を通して、同じ志を持つ仲間とともに楽しみながら、地域活動を繰り広げている。また、学生が主体となって〝地域のおタカラ〟を活かす場を創出し、地域の一員としての自覚と責任感を身につけている。

古い電車で新しい語らいの会

平成一八年一二月、松本大学地域づくり考房『ゆめ』主催の「まちの縁側づくり実践塾」が開催された。そのまち歩きで発見した新村駅にあった日本最古の木造電車「ハニフ1号」。見つけた電車を活用して、縁側のような気軽に人の集まる憩いの空間を創出したいという想いから「古い電車で新しい語らいの会」は始まった。学生・地域住民・新村公民館・松本電気鉄道（現アルピコ交通）株式会社の職員がメンバーで、地域の方々との語らいの場を創出することとなった。平成一九年三月、ハニフ1号が埼玉県鉄道博物館に移されるため、「ハニフ1号さよならイベント」を他のプロジェクトや松本電鉄との協働企画により開催。三千人を超える来場者があった。また、廃車となった五〇〇〇系電車を借りて月二回土曜日には、お茶を飲みながら編み物や工作などを行う〝縁側カフェ〟を開催。そのほか八月、三月の年二回、新村駅構内で開催する〝鉄道まつり〟の参加や駅前花壇の整備、旧列車の補修作業なども行い、町内外多くの方々が集まる場を創出してきた。

平成二二年には学生新メンバーによる発案で「上高地線応援隊」に改名し、オリジナルグッズ「すべらない砂」を製作。新聞やテレビなどのメディアを通して、上高地線を知ってもらうことで、応援者の増加につながった。製作段階では、多くの協力者との交流もあり、地域住民ほか多方面の方々との交流に発展した活動であった。学生メンバーは代替わりしてはいるものの六年にわたった活動の多くは、学生発案企画によるものであった。現在上高地線には、季節ごとにイベント列車が走っているが、これも学生が発案したことが現実となり、多くの地域住民の交流の場を創出している。

また、平成二六年には、「古い電車で新しい語らいの会」の立ち上げ主力メンバーでOGの隠居綾さんが発案し、学生や子育て中のお母さんと一緒に企画運営した「キッズトレイン」をアルピコ交通の協力で実施した。参加希望者は六〇組を超え、九月と一一月の二回運行して、親子の交流を創出した。

「ハニフ１号さよならイベント」を開催
（平成19年3月21日）

新村地域との連携・交流活動をきっかけに、学生はさまざまな市町村や地域・団体・組織との交流事業を展開してきた。

（地域づくり考房『ゆめ』　福島明美）

六　地域総合研究センターの活動

(一) 研究センターの足取り

大学開学と同時に、新制「地域総合研究センター」は活動を開始した。このセンターの歴史は古く、松商学園短期大学創立（昭和二八年〈一九五三〉四月）と同時に併設され、地域の産業界・商業界、行政などからのさまざまな要望に応え、調査・研究活動を行ってきた「信州産業調査研究所」（通称「信産研」）に端を発している。この信産研は、平成四年（一九九二）四月、短期大学に経営情報学科が開設するとともに、「松商学園短期大学総合研究所（通称「総合研究所」）へと改組された。これは、複雑化・多様化する時代の要請に応えるべく、産業・経済・社会・経営・福祉・環境など広範囲で総合的な課題への対応を目指すためであった。そして、平成一四年（二〇〇四）四月松本大学開学と同時に「地域総合研究センター」として生まれ変わったのである。地域総合研究センター規程にしたがい、人員構成は研究センター長一名、主任研究員一名、研究員相当名、事務職員若干名、客員研究員（外部研究員）若干名で運営委員会を構成した。本学専任教

地域総合研究センターの初代外部研究員、左から玉井袈裟男、岩原正典、今井朗子の3氏（平成14年4月）

員全員が研究員と定められており、運営委員会により運営されてきた。

(二) 研究センターの活動内容

開学当初、研究センターは地域社会と大学を結び、地域の課題に取り組むとともに大学の教育・研究活動をより意義あるものにする様々な活動を行った。その活動については次のとおり分類される。

① 地域の活性化のために、研究センターが独自に企画立案し研究を進める活動。研究活動報告書である『地域総合研究』の編纂・発刊も含む。

② 地域社会から、大学（代表者としての学長も含む）あるいは研究センターに対して協力依頼があった課題を研究センター研究員である本学教員（グループ）が引き受けて行う活動。

③ 地域社会から教員（研究員）個人に対して依頼があり、研究分野から見て妥当と思われる課題について、当該教員から研究センターに協力依頼があり、運営委員会にて了承された活動。

①〜③のどのルートであれ、研究センターとして引き受けた研究・調査活動は、大学としての活動であり、研究センターの予算を利用することが認められていた。

実際に、地域に係わる様々なテーマについては、多様な角度から研究や調査、提言など実践的な活動を実施していた。一年目に行った活動テーマは次のとおりであった。①コミュニティ・ビジネスに関する研究、②生活記録による世代間交流学習事業、③地域行政や地域住民との協働事業、④地域福祉経営に関する研究・支援、⑤市町村の合併問題に関する研究。

二年目には、⑥地域づくり学習会や地域における学習事業への参画・支援活動、⑦行政職職員の研修事業、⑧農業活性化および村づくりの研究・支援、⑨資料収集保存・研究が追加された。この段階で、活動の方向性が決まったようである。

㈢研究センター独自のユニークな活動

開学から地域の人々とともに多様な活動を実施してきた。その数例を紹介したい。

①山形村社会福祉協議会との連携活動

この活動は㈡の①、③~⑥、⑧のテーマを含む総合的な連携活動となっている。①に関しては、学習会を行い、それを踏まえて地域の特産品である長芋の肉目（むかご）を活用したコミニティ・ビジネスの実践活動を実施した。③の具体的な取り組みとしては、フランス鴨の飼育やブルーベリーの販売など、行政と住民が一体となった取り組みをした。さらにこれまでの事業を集約して、障がい者就労施設「すばる」を立ち上げ、食堂の経営など地域福祉経営に関する研究と実践を続けている。また、障がい者の観光については学生の参画により研究を行い、「希望の旅」事業として実践。これらの取り組みは、⑤の研究の中から地域の自立や住民の参画を実現する具体的な事業として開始されたが、農業活性化、村づくり、福祉経営など総合的な地域づくりへの取り組みとして発展し、現在も継続中である。

②地域づくり学習会

オープンカレッジ「人にやる気・村に活気・地域づくり学習会」は、故玉井袈裟男先生（平成六年まで短期大学教授、その後は外部研究員、平成二一年物故）の「地域づくりを学ぶときは、まず先進地で指導的役割を果たしてこられたキーパーソンのお話を聞き、さらに後日、現地を見せていただき、感動を持って学ぶ必要がある」という考え方にそって、「講演会＋研修ツアー」の本格的な学習会を計画し、玉井先生が病魔に倒れる平成二〇年まで、六回の講演会と五回の現地視察を行った。この学習会は地域からの参加者と学生・教職員が参加して、楽しく実り多いものであった。その講演録や参加者からの報告は『地域総合研究』に掲載されている。

また、オープン・カレッジ「女性起業家に学ぶ―自己実現と自分おこし―街おこし、村おこし」は、外部研究員の故今井朗子先生をコーディネーターとして、平成一六年から五回、五年にわたり実施された。これは、研修ツアーの中から生まれた学習会であった。研修先で元気な女性たちに触れるにつけて、「いま地域づくりに貢献する女性たちが増えている。光を放ち続ける女性たちの起業事例を語っていただき、共生の社会における女性による『自分おこし』を参加者全員で考えてみよう」という趣旨で始まったものである。この講演録は、平成二二年一一月松本大学出版会から学習会のテーマと同じ『女性起業家に学ぶ』の書名で出版した。

オープンカレッジ「人にやる気・村に活気・地域づくり学習会」でのそば打ちの講演と実演（平成19年6月30日）

③生活記録による世代間交流

「日本社会は想像を絶する多様な問題（少年たちの軌道を逸した行動や監禁、無差別殺人など）が発生している。この現代社会の歪みを解決する糸口を探し、現状打破を図るために私たちの生活の原点である自給自足の生活を

オープンカレッジ「女性起業家に学ぶ」のパネルディスカッション「女生と起業」。右端がコーディネーターの今井朗子研究員
（平成20年11月15日）

洗い直し検証しなければならない。『語り部』がいなくなる前に」ということで、世代間交流の生活記録活動を復活した。テキストにしたのは、平成一三年（二〇〇一）九月に松商学園短期大学総合研究所（現地域総合研究センター）が発行した『老人達のおきみやげ―世代間交流学習の実践記録―』（研究員玉井袈裟男著）であった。この本の内容は、昭和一〇年（一九三五）代の長野県南安曇郡三郷村及木《およびき》における生活記録の聞き取りであった。そして、今回の学習会も玉井袈裟男先生を案内役として、及木で彼らの子供たち（とは言っても皆七〇代）を対象とした昭和三〇年代の聞き取りであった。この学習会から「精霊流し」や「お月見」、「昭和初期の結婚式」などの行事を再現して記録に留めた。また、学習会からの新たな試みとして「お袋の味」を残そうという新しいテーマも生まれ、伝統的な家庭料理や季節感あふれるお茶請けなどのレシピもまとめられた。この学習会は平成二〇年（二〇〇八）三月『続・老人達のおきみやげ―親子二代の学習会―』として松本大学出版会から発刊された。

　その後、この会はキャリアスクール「死ぬまで学習会」として引き継がれ、現在は中野和朗初代学長が外部研究員として会を主催しており、年間八回開催されている。

㈣『地域総合研究』の発行

『地域総合研究』の冊子は、本学教員の研究活動の公表の場として、また当研究センターの活動報告の場としての役割を担い平成一三年（二〇〇一）より発行された。『第三号』からは、教員の広範で多様な知的活動を「アニュアルレポート」（年報）として公表する役割を付け加えた。こうすることで、本学の個々の教員が何をどのように研究しているのかが一目瞭然で分かるようになった。

玉井袈裟男研究員による及木老人クラブ学習会との世代間交流学習（安曇野市三郷及木公民館）

平成一九年（二〇〇七）六月に発行された『第七号』からは、時代の流れを受けて、競争的資金獲得に積極的な参加を余儀なくされ、本学の「大学教育改革への取り組み」を文部科学省への申請書を掲載するかたちで公表することにした。

平成二〇年度は特別に年二回、『第八号』と『第九号』を発行した。『第九号』は臨時号として発行し、教員の研究成果の公表を中心に、初めて教育に関する活動報告書と講演録を掲載した。『第一〇号』からは、教員の研究活動の公表、申請内容の公表、教育内容の報告書、講演録、アニュアルレポートの構成となり、研究活動や講演録の本数が増え、冊子が厚くなってしまったため、アニュアルレポートは『ＰＡＲＴ２』として別冊を作成した。また、この号から当研究センターの活動報告が掲載

オープンカレッジ「人にやる気・村に活気・地域づくり学習会」で訪れた滋賀県甲良町で水を活かした町づくりを視察する（平成16年9月）

されなくなってしまい、現在に至っている。

㈤　地域総合研究センターの現状と今後

現在の研究センターは、二つの業務が中心となっている。地域と教員を結びつける窓口的な業務と『地域総合研究』の発行である。前者は、年々増加の一途をたどっており、教員が学生と共に商品開発（例えば、廃棄ワサビを活かした「葵宝寿司」、わさびペースト、焙煎そば粉、そこから生まれた「アルクマそば」など）や、地域活性化活動（例えば、池田町や松川村の街おこし、松本市上土の大正ロマンの街づくり、地域住民の健康維持活動など）を実施する際のバックアップ事業に取り組んでいる。また、大学が主催する講演会などの開催や講演録作成などの支援活動も手がけている。

現在では、個々の教員の地域活動が活発化しており、研究センター独自の活動の必要性が薄れてきているのかもしれない。研究センター企画の独創的でユニークな活動は影を潜めて久しい。残念であり、寂しいかぎりである。創立当初のような、個性的な研究センター独自の活動が復活することを願っているのであるが……。

（地域総合研究センター事務局　松田千壽子）

七　地域振興の研究と教育

(一) 研究面

松本大学が開学して以降、教育面での成果は多数のGP獲得や好調な就職実績などに端的に示されている。しかしその背景に、教職員の旺盛な研究活動に裏打ちされた、理論的、実践的な成果が存在していることを忘れてはいけない。確かに松本大学は研究型の大学ではなく、学生を教育することに重点を置いた大学ではある。しかし、教育においても、各分野の最前線の知見を踏まえるだけではなく、各教員が自らの見解を有しておく必要がある。それを保証するのが研究活動であり、書籍や論文の執筆である。

松本大学開学後に松本大学出版会から出版された書籍については、第三章「一六　松本大学出版会」の項の一覧表を参照されたい（一七七頁）。論文などについては、各学会などが発行する研究誌に加えて、『松本大学研究紀要』や『地域総合研究』に掲載されたものが、アニュアルレポート（年報）に掲載されている。その数が多いため、ここではその全容を書き出すことはしないが、平成一四年から二五年までの論文数を表に示しておく。地方小規模大学における一〇年余の成果としては、十分な内容となっている。こうした成果が松本大学の教育活動を支えているのだといえる。

［表］松本大学の教職員が執筆した論文数（平成14～25年）　（本）

分野	計
教育系	66
経済・経営系	139
福祉系	20
観光系	31
健康づくり系	70
文学系	16
地域づくり系	34
生化学・医学系	72
数学・物理学系	50
法学系	23
心理系	8
食系	29
情報系	2
その他	1
合計	561

教科書については、本学の学生だけに向けて、授業担当教員が独自に編纂した教科書を作成することを奨励してきた。このような姿勢が反映して、数多くのオリジナル教科書が発行されている。特に短期大学部においては、教育企画推進のための予算を取って計画的に進めている。

(二) 教育面

平成一七年（二〇〇五）には、地域づくり考房『ゆめ』が立ち上がり、アウトキャンパス・スタディが、大学に用意された大中小のバスを利用することで、かなり頻繁に実施されている。地域での現場観察・体験から、大学での学びの動機付けを行う帰納法的教育手法が展開されている。本学の地域連携はこうした教育手法と結び付き、学生育成の手段として活用されているので、地域貢献とは言いながら地域と大学はウィン・ウィン（win-win）の関係性の中で持続性を内在するスタイルで継続できている。

また人間健康学部健康栄養学科のGP採択にともない設立された、地域健康支援ステーションも、日頃の教育成果を活用した地域の健康づくりの分野での活動が旺盛に展開されている。

これらの成果は、教育実践報告の書でもある『まちが変わる　若者が育ち、人が元気になる』（白戸洋編著・松本大学出版会）の書籍や、地域づくり考房『ゆめ』や地域健康支援ステーションが発行する数多くの事業報告書などでも見ることができる。

（学長　住吉廣行）

松本大学シニア短期留学「心に響く信州学」講座で自然観察のガイドをする中野和朗初代学長
（平成20年5月23日）

松本大学シニア短期留学「心に響く信州学」講座で講義をする腰原哲朗元教授
（平成20年5月23日）

第五章　松本大学の未来へ向けて

一　年を追うごとに整う教育環境

(一) 校地の拡大

平成一四年度に松本大学が開学したときは、それまでの短期大学時代の敷地の西に広がっていた優良農地の水田を、地元地権者の理解を得て拡張した。これは松本市が買い上げるかたちで本学に提供された。これにより敷地面積は一万四九〇〇平方メートルから六万二二〇〇平方メートルと約四倍に広がった。

その後、隣接する住宅地を購入したり、大学開学の翌年度は自動車通学の学生数の増加を見込み、地元地権者から借地した第二学生用駐車場を約四〇〇〇平方メートル設け、さらに人間健康学部設置の平成一九年（二〇〇七）度に約三六〇〇平方メートルを拡張したりした。これにより学生駐車場は約五〇〇〇台収容可能となった。

体育施設では、開学時に野球場と多目的グランドをキャンパス内に設けたが、サッカーや陸上競技については学外の施設を借りて活動していた。しかしスポーツ健康学科が開設されたことにより、体育授業の増加やクラブ活動が活発化したことで、教員や学生からのグランド設置の要望の高まり、さらに松商学園高等学校でもサッカー場を設置したい意向があった。ちょうどそのころ、本学の西側に面した水田を他の教育機関が購入する予定であったのが計画変更で取り消しと

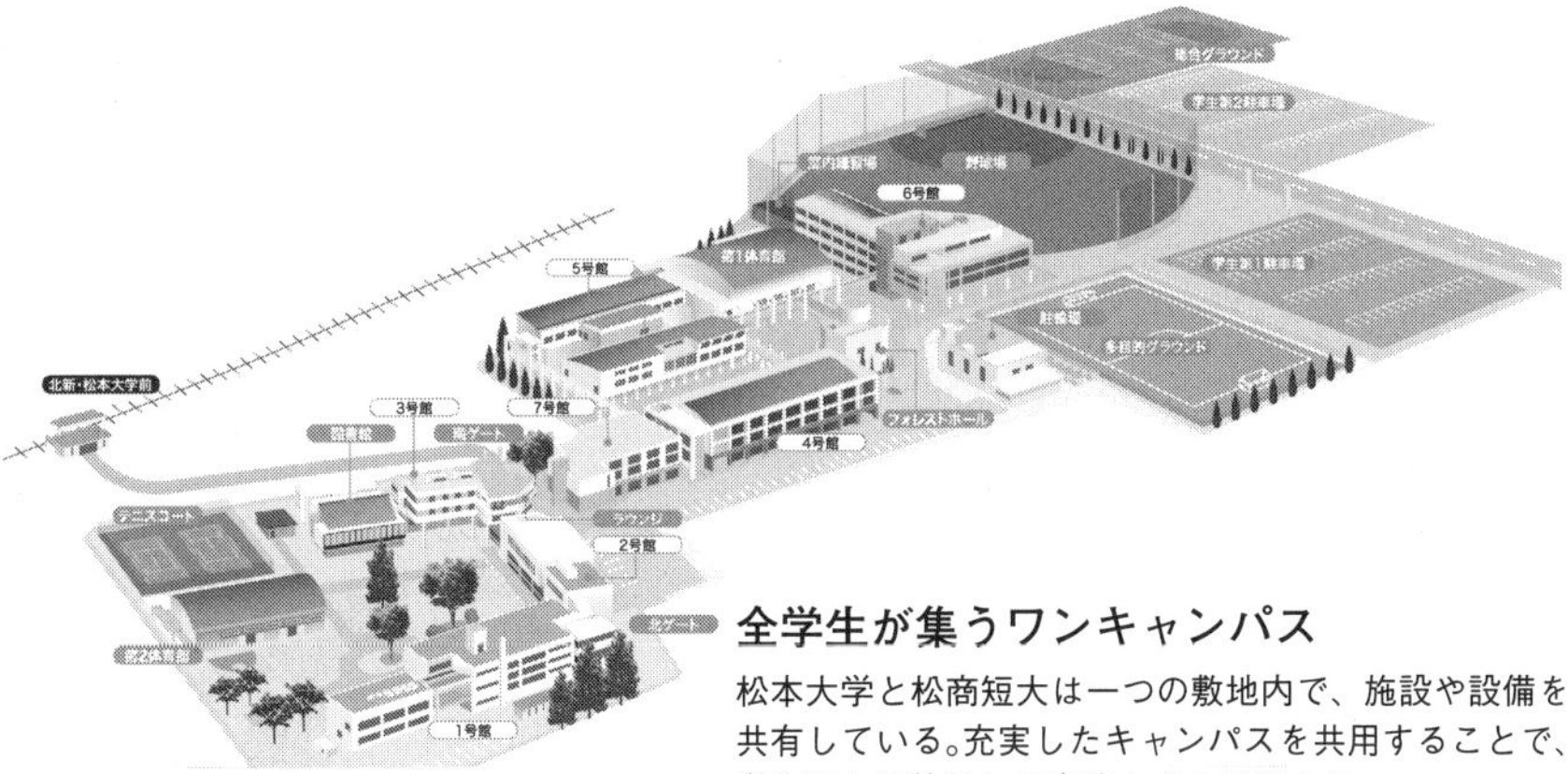

全学生が集うワンキャンパス

松本大学と松商短大は一つの敷地内で、施設や設備を共有している。充実したキャンパスを共用することで、学生同士や教員との交流もさらに深まる。

なり、本学に地権者から土地利用の誘いがあった。そこで理事会で検討した結果、一万七八七九平方メートルの水田を借用し、人工芝のサッカー場とタータントラックからなるグランドを建設し、「松商学園総合グランド」と命名した。また、地続きの水田二枚六二六四平方メートルも借用し、実習農地として活用することとなった。これにより校地全体では九万四二五八平方メートルとなり、短大時代より約六倍強の面積となった。

(二) 校舎の増築

松本大学が開学する以前の校舎は、当時短期大学校舎であった現在の一号館～三号館と図書館、第二体育館の五棟と倉庫などで、校舎総延べ面積は七六四一・〇八平方メートルであった。

平成一四年度の松本大学開学にともない、三階建管理棟の四号館、三階建教室棟の五号館、食堂や売店の入った二階建のフォレストホール、第一体育館、機械棟、弓道場、倉庫が、新たに新校舎として一万一五六九・六平方メートルを加え、西に北アルプス、東に美ヶ原を望む、東西に広がる新キャンパスが誕生した。

さらに強化部の硬式野球部の屋内練習場一九七・六平方メートルを増設。その後、平成一九年度の人間健康学部増設にともない、新たな五階建六号館校舎五六三七・一一平方メートルを新築し、内部も実験・実習施設、講義室、研究室を中心に従来の本学にない新しい施設が整った。

学部、学科の増設により学生数の増加と活動の活発化を受けて、施設の不足が顕著になってきたため、平成二二年度に七号館一七三一・七五平方メートルを建設し、学生の集うコモンルームを一階に設け、キャリアセンター、基礎教育センター、地域づくり考房『ゆめ』、大学院研究室などを備えた施設となった。

さらに、平成二四年度には野球部監督室・放送室、屋根つきブルペン、屋外トイレ、倉庫などを増設し、平成二五年度には従来からの課題となっていた旧短期大学時代の校舎のバリアフリー化を進め、三号館にエレベーター棟を増設し、全館バリアフリーとなった。この結果、校舎総面積は二万七六三六・八八平方メートルとなり、施設の充実をみた。以上の施設の充実の変遷は次頁の写真と巻末資料編を参考にされたい。

（大学事務局長　小倉宗彦）

松本大学の校舎および施設

1号館
ホール、法人経理事務室、会議室、松商短大の講義が行われる教室が11ある。また、教員の研究室や同窓会館もある。

2号館
1階にはコンピュータ実習室や情報センターがあり、2階には各教室、3階には大きな階段教室がある。

3号館（コンピュータ教室・ラウンジ）
コンピュータ実習室が全部で7教室、学生用のデスクトツプ型パソコンが約350台設置されている。パソコンは自由に利用できる。

4号館（管理・研究棟）
2階の一部と3階は教員の研究室。通称前室と呼ばれるスペースは学生と教員とのコミュニケーションの場として活用されている。

5号館
524教室は、330人収容の学内最大の講義室。長野県内8大学の授業が受講できる、双方向の遠隔講義システムが導入されている。

6号館
人間健康学部関連の設備が揃う6号館。調理実習室からトレーニング機器や運動生理学実習室があるトレーニング室まで、充実した施設がある。

7号館
学生が自由に使用できるコモンルームやキャリアセンター、基礎教育センター、地域づくり考房『ゆめ』、大学院研究室、地域総合研究センターなどがある。

図書館
モダンな建築デザインが印象的な建物。ガラス張りで明るく開放感あふれるスペースで、多くの学生が利用している。

フォレストホール
全面ガラス張りの逆円錐形のフォルムが印象的な建物。生協ショップやレストランがあり、晴れた日には北アルプスの眺望が楽しめる。

フォーラム
ヤマボウシの樹が植えられた中庭で、学生たちのくつろぎの場。4号館側には水が涼しげに流れていて、夜には樹々がライトアツプされる。

第1体育館
室内スポーツや大規模な講演会、入学式や卒業式などの式典に使用。アリーナの2階にはトレーニング室と観客席も備えている。

総合グラウンド
人工芝のサツカー場と400m トラツク、走り幅跳び、走り高跳びなど陸上競技のピットを備えている。

二　他大学・各種団体からの視察
――注目度がアップ

(一) お披露目としての施設開放・視察受け入れ

松本大学は、大学創立の経緯から自ら「地域立大学」と位置付けてスタートをきった。そのため、開学と同時に、地域の方々へ松本大学がどのような大学であるかを一日も早く周知するための活動を開始した。まず、エクステンションセンター（詳細は一六〇頁参照）を立ち上げ、行政や地域の方々に大学を大いに利用していただくための受け入れ体制を整え、地域に開かれた大学としての一歩を踏み出した。また、企画広報室（現在の入試広報室）では、高校生やPTAの大学見学受け入れを積極的に行った。つまり、開学当初は、本学の「地域を教育のフィールド」とした教育内容や大学の施設などを紹介することを目的に、本学から外へ働きかけて視察や学内見学を積極的に受け入れる努力を、全学をあげて行っていたのである。

そんな中、開学した年に、本学独自の教育手法である「アウトキャンパス・スタディ」と地域の匠による「教育サポーター制度」に興味を持ち、「学びと成長・就職支援事業委員会」の研修および体験ツアーとして、全国大学生協連合会が二回（七月）視察に訪れたことは特記すべきことであった。

(二) 本格的な視察受け入れ

地域と連携した教育方針やその実践、あるいは大学経営などについて、本格的に全国から視察が来るようになったきっかけは、平成一五年（二〇〇三）度からスタートした文部科学省の「特色ある大学教育プログラム」の第一回目に、松本大学の母体であった松商短期大学部が「多チャンネルを通じて培う地域社会との連携――地域社会での存在感のある大学を目指して」というテーマで採択されたことにある。本学が目指す「学生を地域から迎え、地域を教育現場として教育して、地域へ戻す」というコンセプトが文部科学省の薦める「各大学等における良い取り組み〝Good Practice〟（以後ＧＰ）」として認められたのであった。

この年、ＧＰ申請担当者であった住吉廣行短期大学部経営情報学科長（当時、現学長）がＧＰのポスターセッションに参加した。同じ年の秋、京都・滋賀・奈良大学生協理事長会議に招待されて講演し、さらに東海高等教育研究所に講師として招かれた。この縁で、平成一六年九月に愛知七大学研究会のメンバー校が本学（大学・短期大学部）の教育について視察に訪れた。これが視察する側が問題意識を持って、本学を訪れた先駆けであった。

その後、松本大学も平成一九年（二〇〇七）から五つの事業がＧＰに採択された。これにより、活動資金が潤沢になり、本学の教育および学生支援はより活発化、地域との良好な協力体制づくりも確固たるものになってきたのである。特に、これらの補助金により活動がさらに充実した「地域づくり考房『ゆめ』」（総合経営学部の「学生支援ＧＰの事業」）や、人間健康学部の食育ＧＰ（教育・学生支援［Ａ］「食の課題解決に向けた質の高い学士の育成」）事業により生まれた「地域健康支援ステーション」の活動は、地域を学生の学びの場とする取り組みに大きく貢献しており、成果をあげている。視察に訪れる大学の大半がこれらの部署を見学し、地域連携・地域づくりと学生の教育の仕組みついて調査対象としていたのである。

(三) 開かれた大学

今までに受け入れた視察（視察する側が問題意識を持っている場合）に関して、注目すべき点を時系列に上げてみると、まず、初めは平成一八年（二〇〇六）八月、本学と新村公民館の連携活動に注目したユネスコ・アジア文化センターの視察および松本CLCワークショップを挙げることができる。本学を拠点として、松本市・塩尻市内の公民館を視察し、一週間にわたり開催された調査・討論会は、松本大学にとって大きな自信につながった。本学にとっては初めての国際会議であったが、在学生や第一期の卒業生の協力を得て無事に終了することができた。この会議の様子や提案事項、その後の展開については、白戸洋編著『公民館で地域がよみがえる』（松本大学出版会・平成二二年）にまとめられている。

平成二〇年（二〇〇八）になると、中部地区を中心に南は徳島文理大学まで一一大学の視察を受け入れた。また、行政からの本格的な視察としては、この年五月に、本学を「行政が大学と連携した地域づくりのモデル」として視察に訪れた霧島市（鹿児島県）が最初であった。平成二一年は、海外からの視察・研修が多い年であり、四件（中国・パプアニューギニア・ブラジル・アンデス共同体）を受け入れた。平成二二年になると、早稲田大学や神奈川大学など大都市の大規模大学からの視察を受けることになり、早稲田大学は以後三年間連続して本学を視察している。平成二三年は早稲田大学・明治大学・法政大学など一六大学の視察に加えて、日本私立学校振興共済事業団の視察・研修を受け入れ、本学の教職員が講師となり，二日間にわたり研修会を実施したのである。

また、視察受け入れが増えると時を同じくして、本学の教職員が「地域と連携した教育」や「キャリア教育」などのテーマで講演やシンポジウム、研修会などの講師、コーディネーター、パネラーなどとして招待されるケースも増加してきた。経営については、平成一九年八月に日本私立大学振興共済事業団の職員研修に、小倉宗彦大学事務局長が講師として招かれたことが発端となり、特に、学長や大学事務局長への講師依頼や原稿依頼が増え続けている。さらに最近になって、他大学から若手職員への講師依頼がくるようになった

一方、企画広報室で進めてきた、高校生やPTAへの受け入れも年々増加の一途をたどり、内容も単なる施設見学や大学案内に留まらず、模擬授業を採り入れるなど試行錯誤しながら工夫を続けてきた。特に、在学生のボランティアグループ（マツナビ）による学内見学ツアーは好評であった（詳細は一四七頁参照）。また、受け入れる対象も小学生や中学生まで広がり、確実に本学を訪れる人数は増え、子供から高齢者まで、また学校・大学関係者や行政担当者、地域や一般の方々などバラエティに富んでいる。

㈣　松本大学の地域連携教育が文部科学省の成功事例

平成一七年（二〇〇五）一月の中央教育審議会の「我が国の高等教育の将来像」答申には、これからの大学の役割を次の七項目に分類して規定している。

①世界的研究・教育拠点

②高等専門職業人養成
③幅広い職業人養成
④総合的教養教育
⑤特定の専門分野（芸術、体育等）の教育・研究
⑥地域の生涯学習機会の拠点
⑦社会貢献機能（地域貢献、産業連携、国際交流等）

本学は、この分類のうち、特に⑦社会貢献機能の成功事例として文部科学省や大学関係機関などから他大学へ紹介されることが多くなった。新聞やテレビなどのマスコミ取材も増加している。地方の小規模、しかも新設大学である松本大学は、一般的に考えられている潰れる大学の見本のような大学である。しかし、開学以来定員を満たし、地域と連携して学生を育てるシステムを構築し、地域に着実に就職させている。「松本大学のミラクル」として傍目には映るようである。

さらに、平成二五年（二〇一三）度「地（知）の拠点整備事業（ＣＯＣ）」に採択されるや、本学への視察や講演依頼、原稿依頼などが目白押しの状態となっている。教職員が少人数で教育や研究、経営に従事している小規模大学にとっては、業務に支障をきたしかねない状況である。今後、これらにどのように対応すべきかを検討する時期が来ているようである。

（初代総務課長　松田千壽子）

三　国際交流への架け橋

開学当初の国際交流は、平成一四年（二〇〇二）にエクステンションセンターの中に国際交流センターを置き、①海外大学との提携、②外国人留学生の受け入れ、③日本人学生の海外留学、④海外からの視察受け入れ、などを将来実施することを目指して活動をスタートした。翌年（平成一五年）六月には、早々にエクステンションセンターから独立した部門となり、国際交流センターを開設し、現在に至っている。

大学キャンパスで開かれた留学生の歓迎会
（平成18年4月23日）

開学一年目は、まず外国人留学生の受け入れを実施。七名の留学生を受け入れ、留学生だけのゼミナールを開講し、学生のケアを中核とした留学生受け入れ体制の模索を始めた。早々に立ち上げた国際交流センターには、留学生受け入れ業務、日本での生活支援や学生生活での相談相手となるように担当職員を配置し、留学生のケアをメインの業務としてスタートした。その後、留学生については、経済状況や国際状況の影響を受けて、平成一八年度五九名をピークに減少が始まり、現在では一桁台の学生数となっている。

また、初年度は総合経営学部として国際交流を視野に、入学生全員のＴＯＥＩＣ教育を試みたが、学生のニーズに合わず見直しを迫られた。その時点から、本学の特徴に沿った国際交流の模索を始めたのであった。

その一つが湘北短期大学主催で実施されている英国ニューカッスル大学短期英語研修コースへの参加である。本学のコンセプトは、地域の学生を受け入れて教育し地域へ戻すことである。地域で生きていく学生にとって国際感覚を養うという意味で、短期の海外研修は適していると考えられ、現在まで継続されている。

平成一八年（二〇〇六）四月観光ホスピタリティ学科、平成一九年四月人間健康学部開設により、専門性を活かした、しかも教育に密着した国際交流が始まった。チェコとの交流は、学芸員資格を目指す学生のパルドゥヴィッツェ大学遺跡修復学部への短期留学につながり、韓国の東新大学校とは福祉や観光、スポーツ科学の分野で、学生交流や教職員の交流、さらに研究調査も行っている。

観光分野では、アモイのホテル学校へ学生の短期派遣を行ったり、バリアフリー観光のガイドブックの台湾編と釜山編を発刊したりして確実に実績を残している（一七七頁の「松本大学出版会の出版書籍一覧」参照）。

一方、海外からの視察受け入れは、ＪＩＣＡ（独立行政法人国際協力機構）など国際協力機関の依頼による地域開発や食品開発などの研修の受け入れや、長野県からの依頼を受けて海外からの学習旅行などインバウンド観光（訪日外国人観光）への協力を実施している。

その中の一つに、平成二四年七月二八日の小柴昌俊氏の講演会があった。これは「松本大学では益川敏英先生の講演会が開催されているようですので、まだ受賞者がいない韓国の高校生にもノーベル物理学賞受賞者の講演をぜひ聴かせてほしい」という要望が、長野県と韓国側から出され、これを受けて、小柴昌俊氏を招いての講演会を開催したものである。さらに第二部として、東京大学の駒宮幸男教授には話題のヒッグス粒子についての講演に加え、首都大学東京の住吉孝行教授、本学から室谷心教授、浜崎央准教授の四氏をコメンテーターとして、長野県の高校生と韓国の高校生の研究発表会を組み合わせた、科学の祭典の様相も呈したシンポジウムとなった。

これらの受け入れ活動において、松本大学のコンセプトが活かされた本学らしい受け入れ活動となったモデルケースが平成一八年八月、松本大学とユネスコ・アジア文化センター（ACCU）の主催によって開催された、松本地域の公民館と大学のかかわりに関して学ぶ「コミュニティ学習センターに関する国際ワークショップ」（CLCワークショップ）である。これに先立つ平成一六年の秋「ユネスコ・アジア太平洋コミュニティ学習センターに関する専門家会議」が東京で開催され、このとき三〇名近いアジア・環太平洋諸国の教育政策担当者や専門家が、松本大学と新村公民館の地域連携について現地視察に訪れた。公民館を通じた地域と大学の連携は高く評価され、平成一九年八月インドネシアのバンドンで開催された専門ワークショップに松本大学の教員（柳沢聡子）が招かれ、事例発表を実施。翌年一三か国と地域から五〇名の政府や教育関係者が集まり、松本大学を中心に松本市・塩尻市の公民館を取り込んだワークショップが一週間にわたり実施された。最終日に開催された一般市民公開の国際シ

ユネスコのCLCワークショップ・
オープンフォーラムの公開シンポジウム
(平成18年8月6日・ホテルブエナビスタ)

ンポジウムには約一二〇名の聴衆が集まり、本学の学生はもとより、公民館関係者や地域の方々にも大きな影響を与えることができた。

さらに、平成二一年一一月、この会議に参加していたパプアニューギニアの政府高官が、日本の公民館をモデルに、小さなコミュニティごとに「コミュニティ学習開発センター」を全国的に整備する国家プロジェクト「総合コミュニティ開発計画」を携えて、本学を訪れたのは三度目のことであった。日本政府がこの取り組みに対し、国際協力機構（ＪＩＣＡ）を通じて、平成二四年二月をめどに技術協力を進めてきたとのことであった。

英国ニューカッスル大学短期英語研修コースに参加（平成20年6月23日）

現在、提携校はアメリカ合衆国のユタ・バレー州立大学、中華人民共和国の人民大学外国語学院、チェコ共和国のパルドゥヴィッツェ大学遺跡修復学部、大韓民国の東新大学校（私立）と済州大学校（国立）の五校である。グローバル化が唱えられる現在、地方の小規模大学にとっては、国際交流は問題が山積している案件である。本学も例外ではないが、これからも本学のコンセプトに沿って、地域丸ごとキャンパスの教育にのっとって、松本大学の特色を活かした国際交流を心がけていきたいと考えている。

（観光ホスピタリティ学科長　白戸　洋）

四　松本大学の未来を展望する

(一) これまでの歩みを振り返って

松本大学は、短期大学時代の商学科単科（収容定員三〇〇名）から、平成四年（一九九二）の経営情報学科開設（この時点で収容定員四〇〇名）を経て、平成一四年（二〇〇二）に学校法人松商学園悲願の四年制大学である松本大学の開学（短期大学部と合わせた収容定員一二四〇名）を迎え、その後も同一八年（二〇〇六）に観光ホスピタリティ学科の増設、同一九年に二学科を擁した人間健康学部の設置（一七五〇名）、同二三年に松本大学大学院健康科学研究科の開設（一七六二名）と、かなりのスピードで発展してきている。この間、ＧＰやＣＯＣをはじめ、いくつもの競争的資金を獲得してきて、ようやく県下の高校、地域社会はもちろんのこと、全国的にも名前を知っていただける大学へと発展してきている（これらはすでに本書に詳しく記されている）。

(二) 中期的な視点で――国際化・グローバル化への対応と人文科学系への進出

少子高齢化が進む中で、今後はどういう方向が考えられるのか、その青写真はというのがこの項の表題の意味するところであろう。大きなテーマではあるが、幸いなことに向こう五年間程度を射程に入れた中期計画は、理事会の議を経て、自己点検・評価報告書に記されている。地域連携・地域貢献の強みを活かして、地域の学生を受け入れ、地域で育て、地域に還すという現在の方向を踏襲しながらさらに磨きをかける。しかしながら、グローバル化社会にあって、地域そのものが国際的な様相を示すのは避けられず、それに遅れることなく対応できるよう、怠りなく準備することも忘れてはならない。海外の大学との提携などにも力を注ぐことになる。

一時期ではあるが、学生募集の一手段として海外からの学生を招くという動きも見られた。これには留学生が就業目的に入国しているだけではないかと、厳しい批判もなされた。こうした流れとは別に、キャンパスの中にも国際色が出てきて、文化交流も進み、学生が普通に国境を越えて友人関係を構築できるようになってくるであろう。将来、本学においてもこんな雰囲気を醸し出せればと思う。

ほかにも、各学部・学科ともに、学生の新しいニーズに迅速に応えられる、魅力あるカリキュラム体系を提示する必要に迫られている。幅広い教養や社会性の獲得は本学の中心的な特長であるが、専門性を反映した資格取得などに学生が安心して打ち込めるだけでなく、それを支援できる体制を構築するなど、コース制度への再編なども含め、全学挙げて大いに工夫することが求められている。どの学部・学科の学生も、専門性・教養・社会性を兼ね備えて、社会に受け入れられる、そのような存在感ある大学へともう一段向上させたい。

交換留学などに限らず、文化の交流など広い視野での国際化、グローバル化の進展についても、こうした任務を中心的に担うことができる、本学には未だないが、国際的な人文科学系のコースなどの設定が急がれる。

㈢　長期的な視点で——県内残留率の向上で地方消滅の打破

①残留率向上に向けて、受け皿を拡大する

地方消滅を避けるためにも、若者が地域に残り地域を支える人材となる必要がある。大学進学時と就職時に流出する可能性があるので、進学先と就職先の地域内での提供ができるかどうかが課題となる。進学先という意味では、少子化が進む中で県内の多くの既存の私学が苦戦を強いられている状況にあって、なかなか枠を拡げられないどころか、今ある枠を埋められないでいる。こうした中で、比較的元気な本学が思い切って攻勢に出ることも課せられた課題と言えるかもしれない。

現在の長野県の高校卒業者の県内残留率一五～一六％程度（全国平均は約三三％）から脱却して、二五％程度に伸ばすだけでも、おおよそ九〇〇人程度は高校卒業後に県内大学に残留する者が増える。それを実現するには、現在定員を割っている県内の大学が充足されるだけでなく、さらに六五〇人程度の受け皿を用意する必要がある。県立大学、長野医療保健大学だけでなく、信州大学への進学者を増やすなどしても、まだまだ不足する。松本大学でも新たな、地域のニーズをとらえた学部を考える必要が出てくるであろう。地方創生の掛け声は、それを後押ししている。

松本大学は現在、大学の規模としては大学・短大部合わせて二〇〇〇人弱であるが、これを三〇〇〇人程度にするには、一学年二五〇人（八〇人定員の学科ならおよそ三学科分に相当）くらいの受け皿を用意しなければならない。本学はもちろん、こうしたことすべてに県内大学がスクラムを組んでできれば、県内残留率を二五％程度には引き上げられそうである。逆に言えば、これくらいのことをしなければ、県内残留率はおいそれとは上昇しないということでもある。

②県内企業への就職状況——もう一つの条件

東京志向・都会志向が強い長野県にあっては、高校においても県内の大学へ進学させようと考えてもらうようにならなくてはならない。しかし、そのためには「県内大学に進学した若者が、きちんと職に就き幸せな生活を送れる」ことに対する信頼が得られなければならない。東京や都会の名の知れた大学を出たからといって、そのような生活が保証されているわけではない。このことは、最近では周知の事実になってきてはいるが、地方の大学では特段の努力が求められる。

そうはいっても、これは大学がひとり頑張って実現できるものではないことは明らかである。企業が地方から撤退しないどころか、新しい分野にウィングを広げて飛躍する、新しい企業が地域に参入してくるなどなど、産官学が連携して取り組まなければ、就職の環境は大きくは改善しない。新規企業を迎え入れる、新規産業が興るなどにも、大学の役割が求められる時代である。

③地域での存在感をもっと高めたい——松本市の学術・文化の拠点化も視野に

このように少子高齢化、地方消滅の時代にあって、地域に存在する大学の役割が今ほど重要であると認識される時はない。このような状況にあって、地域の期待に応えられない大学では、高校生だけでなく市民・住民からも見捨てられても仕方がない。お互いを尊重しあう中での大学間連携を強めつつ、一つの大学だけでなく大学連合として地域活性化へ貢献することが求められている。本学はこうした連携の中心部隊として、その先頭に立つことが求められているのではないかと思う。地域の中で存在感のある大学として、それをさらに大学連合へとステップアップできるように努めたい。

大学の規模の問題や設備の充実なども考え合わせれば、現在より西側にもう少し敷地がほしい。

さらに夢を加えれば、新村地域が松本市の新しい文化の拠点として発展すればと思うので、文化施設の進出もお願いしたいところだ。この付近だと地域の必需品である駐車スペースも確保できる。あるいは環境問題解決への一歩として、上高地線を複線化して、地域の輸送の動脈としての機能を持たせることも一つの考え方かもしれない。

（学長　住吉廣行）

写真　松本大学生のクラブ活動

陸上競技部（準教化部）

男子サッカー部（準教化部）

ラート部

自転車部

吹奏楽部

茶道部

資料編

松本大学年表

平成　六年（一九九四）	六月一三日	松商学園将来計画特別委員会から理事会に対し「短期大学の四年制化」を答申
	一二月一七日	学校法人松商学園内に、四年制大学設置研究委員会を設置
平成　七年（一九九五）	七月	リクルートリサーチ社により、長野県内高校三年生に対し四年制大学設置可能性調査を実施
平成　八年（一九九六）	一〇月一八日	四年制大学設置研究委員会から理事会に対し、四年制大学設置の答申が出る。理事会として四年制大学設置に向け準備を進めることを決議
平成一〇年（一九九八）	三月三一日	理事会、新大学基本構想をまとめる
	一二月　七日	理事会において松本大学設置候補地を「新村地区」に決定
平成一一年（一九九九）	二月一五日	理事会において名称を「松本大学」、開学年を平成一四年四月と正式決定
	三月　三日	文部省企画課大学設置審査係へ「設置構想の概略」を提出し、事前協議開始
	三月二九日	文部省私学行政課法人係と設置の財源等の事前協議を開始
	四月　五日	「松本大学設置準備室」を短期大学内に開設
	八月二五日	松本大学設置促進期成同盟会設立
	一一月一七日	大学用地の埋蔵文化財試掘調査を開始
	一二月一七日	長野県・松本市・松本広域連合・松商学園による「第一回松本大学設置協議会」を開催

平成一二年（二〇〇〇）	一月	㈱進研アドにより長野県および周辺県の高校生に対し、進学調査アンケートを実施。同時に県内外企業に対し進路先アンケートを実施
	六月二〇日	文部省・農水省に対し「松本大学設置計画書」を提出
	九月二二日	農林水産大臣に農地法第五条の規定に基づく農地転用許可申請書を提出
	一〇月　三日	松本大学用地について農水省より農地転用許可が下りる。同日、松本市より開発行為許可が下りる
平成一三年（二〇〇一）	一月二八日	松本大学キャンパス起工式
	四月一八日	文部科学省企画課へ大学設置申請書を提出
	四月二〇日	文部科学省私学行政課へ寄付行為変更認可申請書を提出
	九月二五日	文部科学省の現地調査（〜二六日）
	一〇月一一日	文部科学省大学設置分科会運営委員会、短期大学名称変更「松本大学松商短期大学部」を承認
	一二月一一日	大学設置・学校法人審議会から文部科学大臣に設置認可の答申が出される
	一二月二〇日	松本大学設置認可証が文部科学省から交付
平成一四年（二〇〇二）	一月一五日	第一回推薦入試実施
	二月一〇日	一般入試実施
	二月二八日	松本大学校舎完成
	三月二三日	松本大学竣工式

平成一五年（二〇〇三）	四月一〇日	松本大学第一期生入学式挙行
	四月二七日	松本大学開学式典挙行。硬式野球部（強化部）創部
	六月一八日	国際交流センター開設
	七月	長野コミュニティービジネスセンター開設
平成一六年（二〇〇四）	三月	学生用第二駐車場建設
	四月	松本大学出版会設立。長期聴講生制度スタート
	一〇月一六日	第一回高校生アイデアコンテスト開催
	一二月	中越地震災害救援ボランティア派遣
平成一七年（二〇〇五）	二月一九日	入学前教育スタート
	四月	教職課程設置、教職センター開設。長野県内大学間単位互換制度設定
		女子ソフトボール部（強化部）創部。基礎教育センター開所
	七月　五日	総合経営学部に観光ホスピタリティ学科設置の申請書を文部科学省に提出
	八月	長野コミュニティービジネスセンターを地域づくり考房『ゆめ』に改編
	一一月	観光ホスピタリティカレッジがスタート
平成一八年（二〇〇六）	二月二六日	六号館棟・図書館増築の起工式
	四月　一日	観光ホスピタリティ学科開設
	四月二七日	観光ホスピタリティ学科の開学科記念式典挙行
	六月二〇日	人間健康学部設置の申請書を文部科学省に提出

平成一九年（二〇〇七）	九月二六日	人間健康学部・健康栄養学科の管理栄養士養成施設指定申請書を厚生労働省へ提出
	一一月三〇日	人間健康学部設置が文部科学省から認可
	二月二四日	六号館竣工式挙行
	三月二九日	厚生労働省から管理栄養士養成施設として認可
	四月　一日	人間健康学部健康栄養学科およびスポーツ健康学科開設
	四月二八日	「人間健康学部」開学部記念式典挙行
平成二一年（二〇〇九）	九月二二日	㈶日本高等教育評価機構の第三者評価を受審（～二三日）
平成二二年（二〇一〇）	五月二一日	大学院「健康科学研究科（修士課程）」の設置申請書を文部科学省へ提出
	七月三〇日	七号館校舎完成
平成二三年（二〇一一）	二月二七日	総合グランド竣工式
	三月　六日	菴谷学長の大学・菴谷家合同葬儀
	四月　一日	大学院「健康科学研究科」開学
	四月	東日本大震災復興支援プロジェクトがスタート
平成二四年（二〇一二）	九月二三日	松本大学創立一〇周年・松本大学松商短期大学部創立六〇周年記念式典を挙行
平成二五年（二〇一三）	一〇月一五日	文部科学省大学改革推進事業「地（知）の拠点整備事業（COC）」に採択

松本大学・松本大学松商短期大学部の施設建設の歩み

年度	施設名	面積（平方メートル）
昭和五二年（一九七七）	一号館校舎建設	二六七三・七八
	第二体育館（旧新村小学校施設残存）	六四〇・九七
昭和六〇年（一九八五）	二号館校舎建設	一六一八・四四
	東部室棟建設	一三二・三六
	テニスコート（二面）整備	一二六三・七八
昭和六一年（一九八六）	一号館北倉庫建設	八四・七〇
昭和六三年（一九八八）	三号館校舎建設	一七二八・七一
平成　三年（一九九一）	図書館建設	七五二・二二
平成一四年（二〇〇二）	四号館校舎建設	三六八九・〇一
	五号館校舎建設	四一九五・一一
	フォレストホール建設	六八〇・四〇
	第一体育館	一九六四・〇五
	西部室棟建設	四一〇・四〇
	機械棟建設	五九九・五九
	弓道場建設	三二・二八
	渡り廊下建設	二六七・二九
	駐輪場建設	一五三・六〇
	野球場整備	一一七八五・二三

平成一五年（二〇〇三）	多目的グラウンド整備	四八五五・二二
	第一学生用駐車場整備	五八〇五・二二
	図書館南倉庫建設	六七・二五
	屋内練習場建設	一九七・六〇
	第二学生用駐車場整備	三九九九・〇〇
平成一九年（二〇〇七）	六号館校舎建設	四一九五・一一
	図書館拡張建設	七五二・二二↓一二三〇・七八
	第二学生用駐車場拡張整備	三九九九・〇〇↓七六六一・〇〇
平成二一年（二〇〇九）	四号館北倉庫建設	六七・三〇
平成二二年（二〇一〇）	七号館校舎建設	一七三一・七五
平成二三年（二〇一一）	総合グラウンド整備	一七八八三・二四
平成二四年（二〇一二）	総合グラウンド内更衣室・倉庫建設	五七・〇九
	野球場監督室・放送室建設	二五・〇六
	屋根付ブルペン建設	一六二・八四
	屋外トイレ建設	二九・一六
平成二五年（二〇一三）	二号館・三号館間に外付けエレベーター設置	四九・七三
	部室増築	
平成二六年（二〇一四）	四号館・五号館・七号館屋上に太陽光発電設備設置（発電量一〇〇kw）	
	六号館に物動飼育室増設	

松本大学・松本大学松商短期大学部の校地・校舎面積の推移

校地面積の推移（m^2）

昭和52年度	14,330.93
平成11年度	62,217.89
平成15年度	69,878.89
平成21年度	70,115.25
平成23年度	94,258.25
平成27年度	94,705.10

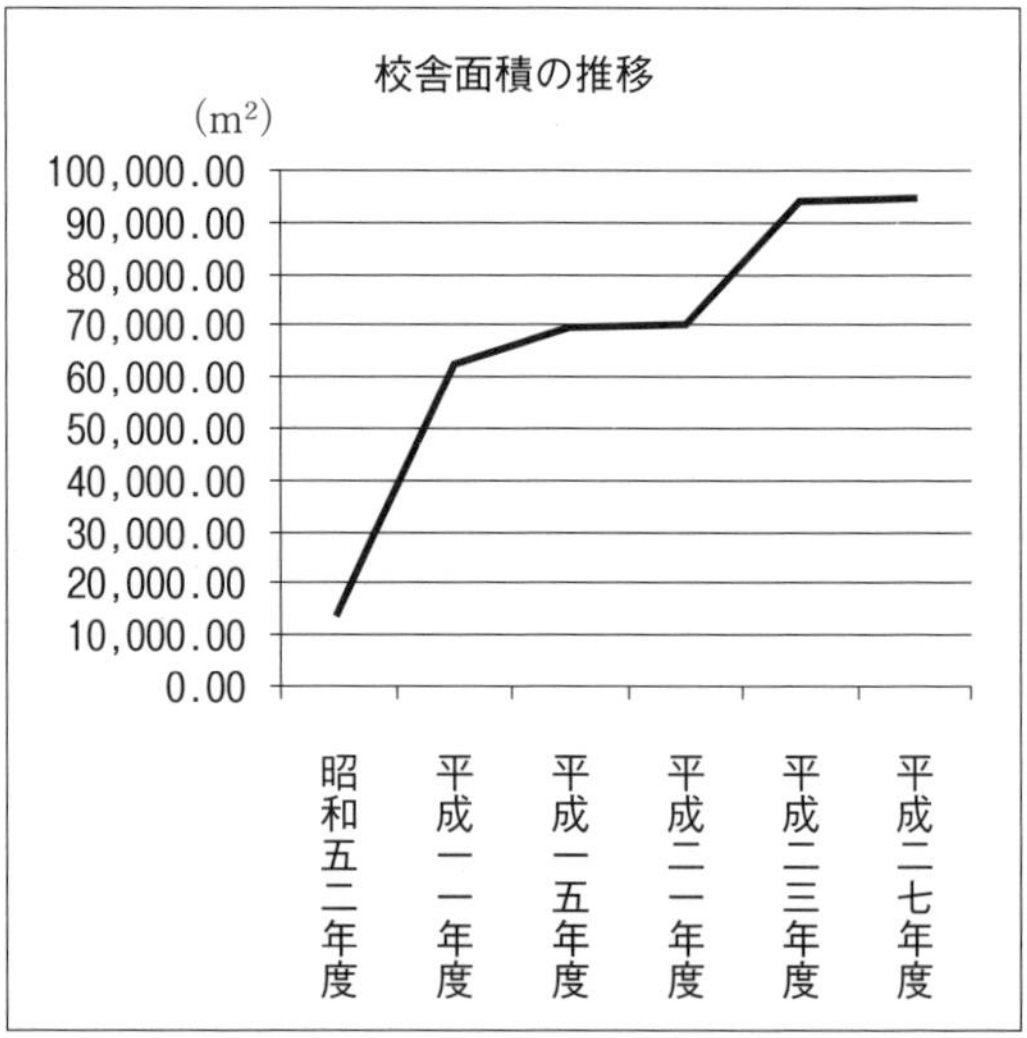

校舎面積の推移（m^2）

昭和52年度	3,314.75
昭和60年度	5,065.55
昭和61年度	5,150.25
昭和63年度	6,778.96
平成３年度	7,631.18
平成14年度	19,200.78
平成15年度	19,398.38
平成19年度	25,501.05
平成21年度	25,571.35
平成22年度	27,303.10
平成24年度	27,577.25
平成25年度	27,827.67

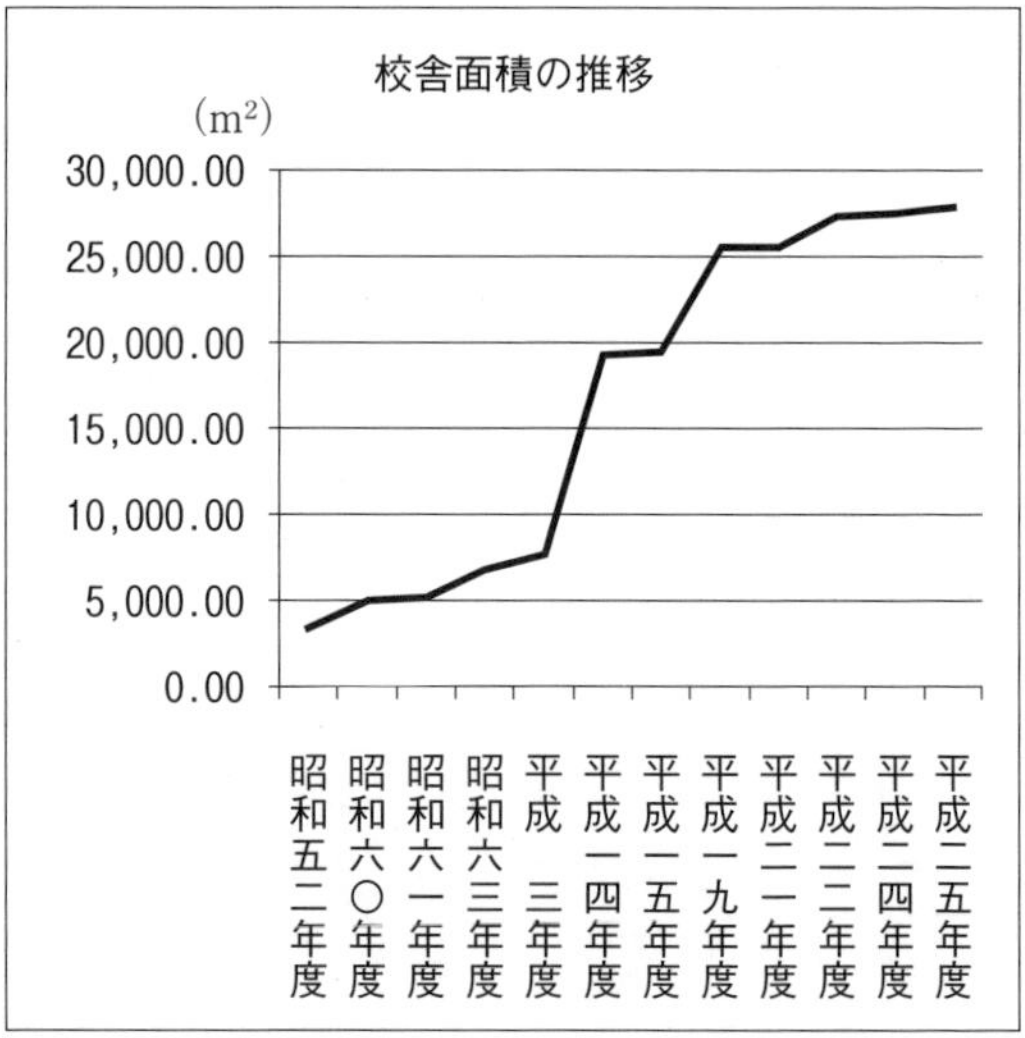

松本大学・松本大学松商短期大部の学生数の推移（人）

年度（平成）	14年	15年	16年	17年	18年	19年
西　暦	2002	2003	2004	2005	2006	2007
松本大学	224	433	660	868	909	1081
うち大学院						
うち総合経営学部	224	433	660	868	909	868
うち人間健康学部						213
松本大学松商短期大部	467	387	402	455	497	524
総合計学生数	691	820	1062	1323	1406	1605

年度（平成）	20年	21年	22年	23年	24年	25年	26年
西　暦	2008	2009	2010	2011	2012	2013	2014
松本大学	1267	1439	1547	1564	1515	1489	1483
うち大学院				3	10	13	12
うち総合経営学部	875	876	829	813	761	718	733
うち人間健康学部	392	563	718	748	744	758	738
松本大学松商短期大部	529	512	460	413	409	447	438
総合計学生数	1796	1951	2007	1977	1924	1936	1921

松本大学・松本大学松商短期大学部の教職員数の推移（人）

年度（平成）	14年	15年	16年	17年	18年	19年
西　暦	2002	2003	2004	2005	2006	2007
学長・副学長	1	1	1	1	1	2
教員数	33	35	44	58	59	79
うち総合経営学部	15	21	27	29	36	28
うち人間健康学部	−	−	−	−	−	31
うち松商短期大学部	18	14	17	20	22	20
職員数	27	33	37	42	42	49
計	61	69	82	101	102	130

年度（平成）	20年	21年	22年	23年	24年	25年	26年
西　暦	2008	2009	2010	2011	2012	2013	2014
学長・副学長	2	2	2	1	1	1	1
教員数	84	84	85	83	83	82	80
うち総合経営学部	27	27	26	26	27	27	26
うち人間健康学部	36	37	39	39	39	37	36
うち松商短期大学部	21	20	20	18	17	18	18
職員数	57	67	76	72	75	74	74
計	143	153	163	156	159	157	155

※教員は専任教員（助手も含む）の人数（学長、副学長を含まない）

※職員は専任、嘱託、派遣の人数

地域づくり考房『ゆめ』が取り組んだ地域連携プロジェクトの一例

松本神社神輿渡御（平成一九年～　）

松本城ゆかりの松本神社では、高齢化により担ぎ手不足で伝統的な神輿渡御を継続することが困難となる。松本城および松本神社の歴史を学び、子ども御輿や神輿渡御などに参加。松本神社氏子総代会・松深会・住民・自衛隊・他大学の学生との協働事業。

縄手通りかえるまつりプロジェクト（平成二〇年～二三年）

補助金打ち切りにともない、事業費の削減、規模の見直し、スタッフの減少といった課題解決のため、ナワテ通り商業協同組合と協働で事業を開始。フィールドワークで現地調査を実施。開催に向け企画を提案。それを基に新たな手づくり感覚の祭りを企画。

難聴児支援33（ミミ）がわりプロジェクト（平成二〇年～二三年）

難聴の児童や学生へ、学校現場または遠隔操作を通したパソコン文字通訳による学習支援を実施。難聴児者との交流会や技術向上のための講習会を開催。人工内耳センター・利用者親の会・NPO法人・小学校・松本大学・本学学生による協働事業。

松本BBS会（平成二〇年～　）

非行のない社会づくりを目指し、非行に走ってしまった少年少女の社会復帰支援活動。社会参加活動の企画実施やいろり端集会への参加など、社会人（卒業生含む）・保護司・少年院職員や学内外団体との協働事業。

松本大学こどもあそび隊（平成二一年〜　）

親と学生でワークショップを実施し、現代の親が抱える問題を抽出。その課題解決のため、児童センターや乳幼児親子の会での地域活動で得た学びを活かし、学生企画の子育て支援事業を開催。親子・親同士のコミュニケーションの場を創出。

地域のヘルシーメニュー（平成二一年〜二五年）

地域の特産品や農産加工品、郷土食を調査研究。地元食材を活かしたヘルシーメニューを開発。観光客や地域の方に健康への意識や食べることの楽しみを知っていただくことを目的に、浅間温泉旅館組合・松本調理士会や塩尻市公民館・加工組合・企業との協働事業を実施。また、大学がある新村の農業生産者や障がい者施設との連携事業も実施。

木曽漆器による賑わい創出プロジェクト（平成二一年〜二三年）

塩尻市の木曽漆器祭・奈良井宿場祭実行委員会、木曽漆器工業協同組合、塩尻市商工課・観光課と連携して、「伝統的工芸品木曽漆器による賑わい創出プロジェクト」を開始。松本大学の大学祭では、木曽漆器展や漆塗り体験を協働企画で実施。その後、塩尻市や観光協会と連携して「ズーラの体験プログラムを作ってみよう」事業を実施し、活動はさらに広がりをみせた。

よっといで！びすたりin西原（平成二三年）

地域づくりコーディネーター認定者による宅幼老所を拠点とした多世代の地域交流を目指した祭りを初企画開催。学生提案の高齢者の結婚式やコスプレ大会、みんなで一つのアート企画のほか、施設関係者や地域住民企画の多彩な内容で実施。施設関係者・地元老人会・児童会・中学校・高校・野花の会・芸術家との協働事業。

「ええじゃん栄村」プロジェクト（平成二三年～　）

できることからまず一歩。平成二三年三月一二日、長野県北部地震で被災した栄村。この村を何とか応援したいという気持ちから、学生有志が立ち上げた復興支援プロジェクト。「栄村農産物・加工品の販売と販路拡大」「栄村産トマトジュースの販売と寄付」「栄村きてみてマップの作成」「特産品を使用した商品開発と販売」「募金」「ぶらり農園支援」など、さまざまな活動を実施。

モビリティマネジメント事業「まつもと　バスと電車の交通ひろば」（平成二四年～二六年）

公共交通利用促進を目的に松本市・松本市地域公共交通協議会主催の事業に、信州大学土木工学交通まちづくり研究会の学生とともに、松本大学地域づくり考房『ゆめ』を介した学生たちが、事業の一部を企画・実施。本学学生は、松本市内の公共交通を使って、松本市内にある施設などを親子で巡る乗り物ラリーを考案・実施。多くの親子の参加があり、公共交通の利用拡大に向け一役を担った。

松本水輪花火（平成二四年）

第一六回を迎えた旧波田町・梓川村合同開催の松本平屈指の花火大会。実行委員の高齢化とプログラムのマンネリ化打開のため、若い感性を取り入れた花火大会にしたいと依頼があり。実行委員として、ポスターの選定、寄付集め、プログラムづくり、場内アナウンス・ＢＧＭ構成など、一連の流れを花火部会・花火師・松本市・高校・松本大学が協働して進めた。

講演会・公開授業の講師の顔ぶれ①

作家・五木寛之氏「日本人の忘れもの」
（松本大学松商短期大学部創立50周年記念講演会・
平成15年9月20日）

女子ソフトボール元日本代表監督・宇津木妙子氏
「指導者として伝えたい　心・技・体
～君は大学で何を学ぶか」
（人間健康学部特別公開授業・平成20年5月26日）

2008年ノーベル物理学賞受賞者・益川敏英氏
「科学と現代社会」
（松本大学設立10周年に向けての記念講演会・平成21年
11月21日）

㈶小野田自然塾理事長・（故）小野田寛郎氏
「極限に生きる～人は一人では生きられない～」
（松本大学公開講演会・平成22年5月15日）

2002年ノーベル物理学賞受賞者・小柴昌俊氏
「やれば、できる」
（松本大学設立10周年・松本大学松商短期大学部創立60
周年記念事業講演会・平成24年7月28日）

宇宙航空研究開発機構シニアフォロー・川口淳一郎氏
「小惑星探査機『はやぶさ』が見せた日本力」
（松本大学設立10周年・松本大学松商短期大学部創立60
周年記念事業講演会・平成24年10月7日）

講演会・公開授業の講師の顔ぶれ②

（故）加藤正夫9段と松本出身女流プロ棋士小林千尋氏による「囲碁指導」（平成16年6月24日）

画家・原田泰治氏「人に優しい美術館づくり」（公開講座「地域と美術」第6回・平成16年11月19日）

料理研究家・山本麗子氏「信濃の食の活かし方」（公開講座「ストーリー・スローライフ・食そしてライフスタイルから考えるツーリズム」第7回・平成17年1月7日）

長野五輪金メダリスト・清水宏保氏「自らの限界に挑む」（第45回梓乃森祭講演会・平成23年10月22日）

女流プロ棋士・吉原由香里氏による「囲碁指導」㈱テレビ松本寄付講座・平成24年4月27日）

アスリートソサエティ代表・為末大氏「ハードルを越える」（人間健康学部特別講演会・平成25年2月18日）

年度	日付	テーマ	講師所属等	講師氏名
	8月8日	◎地域科学技術理解増進活動推進事業「地域立大学発〜おいしい科学・キッズラボ〜」	人間健康学部教授	廣田直子
	8月30日	◎ひらめき☆ときめきサイエンス〜ようこそ大学の研究室へ〜KAKENHI 「DNAをとりだして増やしてみよう！」〜肥満と遺伝子と栄養の関係〜	人間健康学部健康栄養学科教授	山田一哉
	10月3日	「自然と調和して生きる」	海洋冒険家／プロウィンドサーファー	中里尚雄
	10月6日	「次世代に伝えたいこと〜海洋冒険家／プロウィンドサーファーからの提言」	海洋冒険家／プロウィンドサーファー	中里尚雄
	10月24日	「発展途上国における公衆栄養活動」〜サイクロンで被災したミャンマーの子ども達の健康・栄養とユニセフの活動〜	ユニセフ・ミャンマー事務所保健栄養部長	國井　修
	11月15日	◎サイエンス・パートナーシップ・プロジェクト事業　「自分の遺伝子型を調べてみよう」〜君はお酒に強いかな〜	人間健康学部健康栄養学科教授	山田一哉
	11月24日	◎「ヒトの設計図、ヒトゲノムについて知ろう」〜遺伝子検査をしてみよう〜	人間健康学部健康栄養学科専任講師	沖嶋直子
	12月12日	◎地域科学技術理解増進活動推進事業「地域立大学発〜おいしい科学・キッズラボ〜」	人間健康学部栄養学科教授	廣田直子
	1月20日	「信濃グランセローズの経営について－地域に根ざす－」	㈱社長野県民球団代表取締役副社長	飯島泰臣
平成21年(2009)	6月1日	「夢と人生〜何事にも真正面から向き合うこころ〜」	女子ソフトボール日本代表元監督	宇津木妙子
	7月20日	◎「ホントに怖い！？遺伝子組み換え食品」	松本大学人間健康学部健康栄養学科専任講師	沖嶋直子
	8月29日	◎ひらめき☆ときめきサイエンス〜ようこそ大学の研究室へ〜KAKENHI「DNAをとりだして増やしてみよう！」	松本大学人間健康学部健康栄養学科教授	山田一哉
	12月5日	◎ミニコンサート＆公開クリニック2009（以降毎年開催）	東京佼成ウィンドオーケストラ	団員
	12月17日	「今、食育に求められるもの」〜栄養（学）の専門家に問われること〜	㈱M&Rアーカイブ代表・国際中医師・メンタル＆フィジカルトレーナー	木津龍馬
	1月12日	「プロ・スポーツ論」	㈱長野県民球団副社長	飯島泰臣
	1月13日	「スポーツメディア論」	信濃毎日新聞社編集局運動部記者	中村恵一郎
平成22年(2010)	6月3日	「自転車が世界をつなぐ〜友情は最大の武器〜」	コグウェイ／Follow the Woman代表	山崎美緒
	6月24日	「君の想いは叶う　志があれば花開く　婚礼件数1000組から2000組にV字回復した私の志事（しごと）力」	㈱八芳園常務取締役	井上義則
	7月26日	「『ソフトボール（ヴェネズエラ）世界選手権を見て』〜私の考えるチームづくり〜」	女子ソフトボール日本代表元監督	宇津木妙子
	11月4日	「One for all, All for one」	戸田中央医科グループ副会長	横川秀男
	11月17日	「長野県の健康づくり活動における行政の役割」（健康栄養学科教育支援GP）	長野県健康福祉部健康長寿課長	小林良清
	1月18日	「プロ・スポーツ論」	松本山雅FCゼネラルマネージャー	加藤善之
平成23年(2011)	6月16日	「ドキュメント3.11未曾有の大震災」その時その後〜チーム八芳園はどのように動いたか？〜	㈱八芳園常務取締役・ワイディア㈱代表取締役	井上義則
	6月28日	「キルギス共和国と高地医学」	キルギス共和国キルギスアカデミー会員・教授	アルマズ・アルダッシエブ
	7月4日	「自転車は世界を繋ぐ」	サイクリスト	山崎美緒
	7月7日	「観光業界を変えよう！」〜LCCとLCIが新しい〜	旅館「吉田屋」女将・社会起業家	山根多恵
平成24年(2012)	4月27日	㈱テレビ松本ケーブルビジョン松本大学寄付講座　囲碁一般公開講座	女流プロ棋士	吉原由香里
	5月2日	「スポーツを科学する」	北野建設㈱ノルディック複合競技選手	渡部暁斗
	6月14日	「ブライダル業界の『志事』について」	㈱八芳園代表取締役	井上義則
	7月9日	「意欲を持って学ぶ」	創造学園高等学校校長	壬生義文
	7月10日	「食と水の安全安心」	松本大学客員教授	北野　大
	11月14日	「今社会が求める人材　大学で学ぶこと」		戸倉　敬
	1月28日	「長寿と栄養について」	立命館大学研究員	東田一彦
平成25年(2013)	6月6日	「ブライダルの経営を通してホスピタリティを学ぶ」	㈱八芳園代表取締役	井上義則
	7月14日	◎「野菜マジック　子ども料理教室」	松本市レストラン「ヒカリヤ」総括料理長	田邉真宏
		「努力は裏切らない」	女子ソフトボール日本代表元監督	宇津木妙子
	11月28日	「裁判事例等から見る教師に求められる人権感覚」	北川法律事務所	北川和彦
	12月22日	◎「おうちで作ろう！クリスマスケーキ」	松本市レストラン「ヒカリヤ」総括料理長	田邉真宏

松本大学・松本大学松商短期大学部の公開授業・特別公開授業等一覧

テーマの欄の◎印は子供を対象とし、そのほかは本学の学生を対象とした公開授業である。

年度	日付	テーマ	講師所属等	講師氏名
平成14年(2002)	7月11日	「新村の小学校の児童に戻ってみよう」	新村地区住民	中平　晃
	7月11日	「コムハウスに行ってみよう」	コムハウス施設長 卒業生	諏訪元久 降旗和彦 塩原麻依子
	7月11日	「大学と地域社会」	新村婦人会 新村公民館	新村元子 小野和子 山田　正
	7月11日	「働く女性の立場と地域社会での活動」	田川地区福祉ひろば	六井洋子
	7月12日	「地域に生きる若者たち～公民館と福祉ひろばに学ぶ～」	曹洞宗国際ボランティア事務局 松本市社会福祉協議会	茅野俊幸 降旗和彦
	7月12日	「心の健康、体の健康」	特別法人城西病院	矢崎　久
	10月9日	「日本銀行の役割」	日本銀行松本支店長	関根　淳
	11月8日	高綱中学校輪を広げる会からの要請 「ビジネスと伝統文化（茶道・華道・書道・棋道）」 「デジタルカメラによる画像処理」		
	11月26日	「流通システム変化の動向」		川口敏之
	12月6日	「ITについて」		中村三夫
	1月23日	「安曇野観光と美術館」	安曇野ちひろ美術館館長	松本　猛
平成15年(2003)	6月20日	「地域における読み聞かせ、語りの活動～子供たちの夢を育てて～」	元島内小学校図書館司書	高山桂子
	6月27日	「地域に根ざした美術館をめざして～絵本美術館森のおうちの全19年間～」	絵本美術館＆コテージ　森のおうち館長	酒井倫子
	7月1日	「昔話の文法とメッセージ」「グリム童話のおもしろさの秘密」	昔ばなし大学・昔ばなし研究所主宰	小澤俊夫
	10月16日	「ドイツの環境政策」	長野工業高校3年生	臼井亮平
	10月18日	「君も会社をつくってみないか」	スマートセンサーテクノロジー代表取締役	御子柴　孝
	11月25日	「日本銀行の役割」	日本銀行松本支店長	橋本要人
	11月25日	「悪魔払い」	東京工業大学助教授	上田紀行
	1月27日	「環境経営」	王子製紙環境部	大澤純二
	2月20日	「コミュニケーション論」	山の道化師道化師倶楽部主宰	塚原成幸
平成16年(2004)	6月24日	「囲碁指導」	松本出身女流プロ棋士	小林千寿
	6月30日	「夢を追い求めて～東京オリンピック出場を通した人生経験～」	元体操オリンピック代表選手・湘北短期大学元教授	加藤宏子
平成17年(2005)	6月29日	「南アフリカのHIV問題の現状と背景」		ググ・ヂャミニ
	8月8日	「仕事の意味を問い直そう」	長野県男女共同参画センター	
	12月12日	「新村の米などの特産品づくり」	JA青年部	
	7月14日	「地球の温暖化が欧米の寒冷化を招くパラドックス」	早稲田大学国際教養学部教授	池内　了
	11月14日	「子宮がん及び性感染症に関する講演会」	長野県衛生部保健予防課生活習慣病ユニット	
平成18年(2006)	10月23日	ホスピタリティカレッジ記念講演会・特別授業「コミュニケーションと癒し」		カニングハム・久子
	10月26日	「Accessible Tour ～台湾の現状から学ぶ～」	エデン福祉財団	
	12月9日	「大統領に勝訴したロベルト・サモラさんと語る集い」		ロベルト・サモラ
平成19年(2007)	5月7日	「大切なのは、明確な目標・目的を持つこと」	日立＆ルネサンス高崎総監督／女子ソフトボール日本代表元監督	宇津木妙子
	7月23日	「環境問題と自然エネルギー」	足利工業大学副学長／大学院工学研究科教授	牛山　泉
	10月25日	～バリアフリー・ウィーク～「バリアフリーを主眼にした街づくりを高山市から学ぶ」	高山市観光部観光課長	小瀬光則
	11月1日	～バリアフリー・ウィーク～「認知症対応社会のつくり方」		グスタフ・ストランデル
	11月21日	「指導者として学生に伝えたいこと」	日立＆ルネサンス高崎総監督／女子ソフトボール日本代表元監督	宇津木妙子
平成20年(2008)	5月26日	「指導者として伝えたい　心・技・体」～君は大学で何を学ぶか～	女子ソフトボール元日本代表監督	宇津木妙子
	6月23日	「心は元気か－身体の健康と本当の‘気持ち良さ’の鍵－」	京都大学大学院人間・環境学研究科教授	カール・ベッカー

年度	日付	テーマ	講師肩書等	講師氏名
	11月24日	公開講座「うるおいのある生活を求めて～新しい観光への誘い～」 第二部「ストーリー・スローライフ・食そしてライフスタイルから考えるツーリズム」		
		第1回「スローライフ～ほんとうの豊かさを取り戻す～」	明治学院大学国際学部教授	辻 信一
	11月29日	第2回「アウトドアライフ事業の組み立て方～信州におけるアウトドアビジネスの可能性～」	㈱良品計画キャンプ事業部長	庵 豊
	12月3日	第3回「人に優しい宿づくりと観光のユニバーサルデザイン」	JTM バリアフリー研究所長	草薙威一郎
	12月13日	第4回「地域における国際観光都市の作り方」	飛騨高山観光協会会長	蓑谷 穆
	12月16日	第5回「観光素材をどう語るか～ストーリーの重要性について～」	語り部・かたりすと・キャスター	平野啓子
	12月21日	第6回「世界一流のサービスのつくりかた」	ザ・リッツ・カールトン・ホテル・カンパニー日本支社長	高野 登
	1月7日	第7回「信濃の食の活かし方」	料理研究家・クッキングプロデューサー	山本麗子
	1月17日	第8回「南信州のエコツーリズムの可能性」	飯田市産業経済部エコツーリズム推進室長	井上弘司
平成17年（2005）	5月10日	松本大学ソフトボール部創部記念「努力は裏切らない」	シドニー・アテネオリンピック女子ソフトボール日本代表元監督	宇津木妙子
	5月20日	日本チェコ友好親善松本大学特別講座	リトミッシェル市長	ヤン・ヤネチェック
			国際オペラ音楽祭スメタナフェスティバル事務局長	ヤン・ピクナ
			プラハカレル大学政治学研究所教授	イルジー・ポルプ
	6月24日	オープン・カレッジ「人にやる気・村に活気・地域づくり学習会」Part3「農山村レストランのモデル＝究極の女性グループ活動～お酒以外は買わないレストラン経営～」	「山女料理 阿瀬」	中西禮子
			兵庫県花と緑のまちづくり研究所副所長	森 正
		（9/28～29 兵庫県豊岡市視察）	聞き手：地域総合研究センター研究員	玉井袈裟男
	8月5日	オープン・カレッジ「女性起業家に学ぶ～自己表現と自分おこし～」	パネラー：NPO 法人和楽理事長・「和楽」店主	座光寺良子
			パネラー：安工業（精密組立）代表	宮坂安壽惠
			パネラー：㈱比叡ゆば本舗ゆば八 代表取締役	八木幸子
			コーディネーター：地域総合研究センター研究員	今井朗子
	2月5日	第1回シンポジウム『健康な地域づくりを目指して』Part1		
		基調講演「予防医療と健康スポーツ～イキイキ輝く熟年が地域の未来を変える～」	信州大学院医学研究科	能勢 博
		パネルディスカッション「健康な地域づくりを目指して」	コメンテーター：基調講演者 コーディネータ：松本大学副学長	能勢 博 住吉廣行
			パネラー：松本市健康福祉部福祉計画課主査	井澤雅子
			パネラー：熟年体育大学リサーチセンター理事	西村一敏
			パネラー：セイコーエプソン㈱広丘事業所総務部健康管理主任	矢口敏子
			パネラー：松商短大部商学科専任講師	根本賢一
	2月18日	安曇野の観光を考える会第1回シンポジウム「経験交流会・自由討論会」	司会：松本大学副学長	住吉廣行
	2月25日	第2回シンポジウム『健康な地域づくりを目指して』Part2		
		基調講演「食生活と健康～すこやかな食事をコーディネートする～」	長野県立短期大学助教授	廣田直子
		パネルディスカッション「健康な地域づくりを目指して」	コメンテーター：基調講演者 コーディネータ：松本大学副学長	廣田直子 住吉廣行
			パネラー：丸の内病院検診センター副センター長	上條政次
			パネラー：熟年体育大学リサーチセンター健康推進トレーナーDブロック長	塩原秀子
			パネラー：松商短大部商学科専任講師	根本賢一
	3月4日	安曇野の観光を考える会第2回シンポジウム「滞在型の安曇野観光」	司会：松本大学副学長	住吉廣行
			パネラー：安曇野地域住民ネットワーク	等々力秀和

松本大学・松本大学松商短期大学部主催の講演会一覧

地域貢献の一貫として実施した講演会・シンポジウムなどを掲げ、
共催や外部団体の主催などで実施されたものや、「地域づくり考房『ゆめ』」の行事のなどは割愛した

年度	日付	テーマ	講師肩書等	講師氏名
平成14年(2002)	4月27日	開学記念講演会『松本大学『総合経営』への期待」	NHK 解説委員・松本大学客員教授	水城武彦
		開学記念シンポジウム「地域とともに『学び』を創る」		
	7月6日	オープン・カレッジ「英語が勉強したくなる」	TOEIC Friendnet アドバイザー	鹿野晴夫
	7月13日	シンポジウム「信州の未来が見える～コミュニティビジネスの胎動～」	埼玉女子短期大学客員教授	細内信孝
	11月16日	オープン・カレッジ「今問われる長野県の産業力と経営力」		
		基調講演「長野県の産業力・経営力を考える」	日経産業新聞編集長	守屋林司
		パネルディスカッション「今問われる長野県の産業力と経営力」	セイコーエプソン㈱副社長	山崎雄三
			日本経済新聞社産業部次長	竹田　忍
			エンジニアリングシステム㈱社長	柳沢源内
			松商学園短期大学部教授	三室孝之
	11月29日	オープン・カレッジ「人にやる気・村に活気・地域づくり学会」 Part1		
		「人にやる気・村に活気・地域づくり学習会の意義」	松本大学地域総合研究センター研究員	玉井袈裟男
		「役場が変わった、人がかわった、地域が変わった『ひだ清見』の村づくり」	岐阜県清見村助役	松葉晴彦
	3月8日	レベルアップセミナー「こんな街にすみたいな～障害のある人たちの社会参加とビジネスプランづくり～」	ヤマト運輸㈱スワン赤坂店開設室長	増田秀暁
平成15年(2003)	7月1日	「昔話と語りの世界」	昔ばなし大学・昔ばなし研究所主宰	小澤俊夫
	9月20日	松本大学松商短期大学部創立50周年記念講演会「日本人の忘れもの」	作家	五木寛之
	9月27日	「デフレ脱却と経済再生への道～再生と地方分権の課題～」	NHK 解説委員・松本大学客員教授	水城武彦
	10月18日	「経営と人材」	ドトールコーヒー代表取締役社長	鳥羽博道
			ヤクルトスワローズ編成部次長	安田　猛
	10月19日	「楽しく生きるために」	松本大学非常勤講師	川田龍平
	11月15日	「地球環境と21世紀の文明のあり方～若者と一緒に考える世界と地域の環境～」	國學院大学教授	古沢広祐
	12月6日	「若者のこころのOSに影響を与える何かについて考える」	特別医療法人城西病院	矢崎　久
平成16年(2004)	6月25日	オープン・カレッジ「人にやる気・村に活気・地域づくり学習会」Part2「せせらぎ遊園、水の町～甲良町　町づくり～」	甲良町役場まちづくり課主査	山田禎夫
		(9/16～17　滋賀県犬上郡甲良町視察)		
	8月10日	オープン・カレッジ「女性起業家に学ぶ～街おこし・村おこし・自分おこし～」	パネリスト　事例発表者	
		「子どもと共に生きるために～初めての農業・ブルーベリーとの出会い～」	ブルーベリーフィールズ紀伊國屋代表	岩田康子
		「女性による村おこし～規格外品トマトの活用法～」	㈱明宝レディース代表取締役社長	本川榮子
		「『笑顔でおもてなし』～商店街の活性化への挑戦～」	岡谷市中央通りおかみさん会会長	矢崎京子
		パネルディスカッション「女性たちの前向きな生き方」	コメンテーター　女性議員をふやすネットワーク「しなの」会長	樽川通子
			コーディネータ　地域総合研究センター研究員	今井朗子
	10月3日	記念講演会「母の死を越えてワールドカップへ」	スキージャンパー	葛西紀明
	10月25日	公開講座「うるおいのある生活を求めて～新しい観光への誘い～」　第一部「地域と美術」		
		第1回「観光と学校と美術館」	安曇野ちひろ美術館館長	松本　猛
	11月5日	第2回「二つの美術館のこと～信濃デッサン館と無言館～」	信濃美術館・無言館館主	窪島誠一郎
	11月10日	第3回「アートライン活動の7年　地域美術館16館の連携」	長野県立美術館副館長・安曇野アートライン事務局長	小林　明
	11月12日	第4回「地域と美術」	兵庫県立美術館館長・大阪大学名誉教授	木村重信
	11月18日	第5回「地域と美術館」	砺波市美術館館長・前滋賀県立近代美術館館長	石丸正運
	11月19日	第6回「人に優しい美術館づくり」	画家	原田泰治
	11月22日	第7回「旅と美術～第一部の講座を通して学ぶもの～」	総合経営学部助教授	山根宏文

年度	日付	テーマ	講師肩書等	講師氏名
			パネラー：松本市巾上西町会長	筒井敏男
			パネラー：松本市安原地区公民館長	柳澤良子
			パネラー：松本市公民館運営審議委員	三村伊津子
			コメンテーター：日本大学法学部教授	高橋雅夫
			コーディネーター：観光ホスピタリティ学科教授	白戸　洋
	12月18日	まちづくり公開講座「富士宮やきそばによる市街活性化の舞台裏」	富士宮やきそば学会会長	渡邉英彦
	12月24日	まちの縁側づくり実践塾1	NPO 法人まちの縁側育み隊代表理事	延藤安弘
	1月22日	まちの縁側づくり実践塾2		
	2月20日	まちの縁側づくり実践塾3		
	3月11日	相互点検・特色 GP フォーラム		
		第一部基調講演「大学教育の再生に向けて」	㈶短期大学基準協会理事	清水一彦
		第二部「第三者評価の意義と教育改革」	㈶大学基準協会機関・調査研究系主幹	工藤　潤
		「湘北短期大学と松本大学松商短期大学部の相互点検・相互交流の歴史」	松本大学副学長	住吉廣行
		パネルディスカッション	パネラー：㈶大学基準協会機関・調査研究系主幹	工藤　潤
			パネラー：湘北短期大学教授・前学長	山田敏之
			パネラー：湘北短期大学教授	黒﨑真由美
			パネラー：松本大学副学長	住吉廣行
			パネラー：松商短期大学部教授	糸井重夫
			コーディネーター：大学事務局長	小倉宗彦
平成19年(2007)	4月28日	人間健康学部開学記念講演会		
		「健康の保持・増進に及ぼす運動習慣・食生活」	早稲田大学スポーツ科学学術院	樋口　満
	5月22日	人間健康学部公開セミナー「第1回スポーツ選手のための食事セミナー」	健康栄養学科教授	廣田直子
			健康栄養学科助手	大森恵美
	6月8日	キャリア教育・GP フォーラム		
		基調講演「企業内キャリアセンター」	GE コンシューマー・ファイナンス㈱人事・総務部ディレクター	石山恒貴
		【平成18年度　現代 GP】		
		千葉商科大学「CUC 生涯キャリア教育」	千葉商科大学教授・キャリア教育センター長	鮎川二郎
		聖徳大学短期大学部「人間力を養成するユニット別キャリア教育」	聖徳大学・聖徳短期大学部キャリア支援室室長	高田　茂
		【平成18年度　特色 GP】		
		松本大学松商短期大学部「キャリア教育をベースとした課程教育の展開」	短期大学部教授・キャリアセンター長	糸井重夫
		パネルディスカッション	コーディネーター：㈲コミュニケーションズ・アイ代表取締役	伊藤かおる
			パネラー：講演者、事例発表者	
	6月30日	オープン・カレッジ「人にやる気・村に活気・地域づくり学会」 Part5 「そばはみんなを元気にする」～そばの地域づくりの実践～	㈲会津きり屋代表取締役・全国麺類文化地域間交流推進協議会地域振興部会長	唐橋　宏
		「昔のそばのものがたり」	飯田そばの会会長・全国麺類文化地域間交流推進協議会地域振興部副部会長	仁科　保
		(10/27～28福島県耶麻郡第13回日本そば博覧会 in 会津・磐梯　視察)		
	9月4日	公開講座「女性起業家に学ぶ―街おこし・村おこし・自分おこし―」		
		「母の心を持つ農産加工所」―地域の食材を生かした農産加工所の経営―	小池手造り農産加工所㈲代表取締役	小池芳子
	9月19日	まちの縁側づくり実践塾　第4弾 「実践報告会および今後の展望」	NPO 法人まちの縁側育み隊代表理事 愛知産業大学大学院教授	延藤安弘

年度	日付	テーマ	講師肩書等	講師氏名
	3月19日	第3回シンポジウム『健康な地域づくりを目指して』Part3「地域とともに創る新しい福祉～地域づくり・人づくり・健康づくり～」	パネラー：舎爐夢ヒュッテ	臼井健二
			パネラー：農家の宿あぶらや	内山伸子
			パネラー：㈲安曇野ファミリー農産	中村隆宣
			パネラー：長野県社会部青少年家庭課長	児玉典子
			パネラー：社会福祉法人依田窪福祉会常務理事・ともしび施設長	岡村　裕
			パネラー：松本市社会福祉協議会ボランティア・コーディネーター	山岸勝子
			パネラー：山形村社会福祉協議会地域福祉推進委員	相渡砂由莉
			パネラー：特定医療法人新生病院事務部副部長	尻無浜博幸
			コーディネーター：地域総合研究センター主任研究員	白戸　洋
平成18年(2006)	4月27日	松本大学総合経営学部観光ホスピタリティ学科開学科記念講演会		
		「日本の伝統文化を生かした地域づくり」	東洋文化研究家	アレックス・カー
	7月6日	オープン・カレッジ「人にやる気・村に活気・地域づくり学会」Part4		
		「地域資源の保全・活用のためのネットワーク～水土里ネット立梅用水～」	水土里ネット立梅用水事務局長	高橋幸照
		(9/1～2　三重県多気郡多気町視察)		
	8月6日	公開シンポウム in ホテルブエナビスタ		
		コミュニティ学習センターネットワークおよび連携を通した地域開発に関するアジア太平洋地域ワークショップ	パネラー：ユネスコ・アジア文化センター	柴尾智子
		「信州・松本の公民館に学ぶ、アジア太平洋の地域づくりに活かすコミュニティ学習センターの可能性－2006松本ワークショップを踏まえて－」	パネラー：ユネスコ・バンコク事務所	大安喜一
			パネラー：パプア・ニューギニアコミュニティ開発省大臣	デイム・キャロル・キドゥ
			パネラー：インド大学成人教育センター理事	ラトネスアン・バタチャン
			パネラー：タイ教育省ノンフォーマル教育委員会事務局長	ソンバット・スワナピタ
			コーディネーター：観光ホスピタリティ学科教授	白戸　洋
	10月15日	オープン・カレッジ「女性起業家に学ぶ～自己表現と自分おこし～」		
		第一部「今の私にできること～私の道は私が創る　自分のペースでそして自分らしく～」	㈲フィルターインク代表	犬飼香織
		第二部「　色彩心理カラーセラピーとは「生活に生かす楽しい色彩心理」	㈲フィルターインク代表	犬飼香織
	10月21日	安曇野の観光を考える会第3回シンポジウム		
		「世界に広がるエコビレッジ：持続可能な環境にやさしい街づくり」	グローバル・エコビレッジ・ネットワーク評議委員	マルチ・ミューラー
			ロサンゼルス・エコビレッジ創設者	ルイス・アーキン
			観光ホスピタリティ学科助教授	益山代利子
	10月28日	「公民館・再発見～松本・塩尻地域の公民館を世界はどうみたか」		
		2006年ユネスコ・アジア・太平洋ネットワーク生涯学習専門家松本ワークショップから 第一部「コミュニティ学習センターネットワークおよび連携を通した地域開発に関するアジア・太平洋地域ワークショップ」の報告	パネラー	
			松本市巾上西町会長	筒井敏男
			松本市新村地区公民館主事	園原祐一
			松本市内田地区公民館主事	高山佳範
			松本市神林地区公民館主事	三沢孝吉
			松本市蟻ヶ崎西町会長	藤森昭三
			塩尻市塩尻東公民館長	小松　博
		第二部「未来を創る公民館～ワークショップの成果をどう活かすか」	パネラー東京大学大学院生　元JICA ジュニア専門員	小荒井理恵

年度	日付	テーマ	講師肩書等	講師氏名
	3月26日	松本大学学び直しシンポジウム「若い福祉職・介護職の役割を探る」	コーディネーター：観光ホスピタリティ学科准教授	尻無浜博幸
			シンポジスト：長野県福祉士会副会長	村岡　裕
			シンポジスト　松本市河西部地域包括支援センター・センター長	島崎歌子
			シンポジスト：NPO法人「ぽれぽれ野の花」理事長	田中俊宏
			シンポジスト：松本城北地区福祉ひろばコーディネーター	山田良子
			コメンテーター：観光ホスピタリティ学科教授	白戸　洋
	3月26日	観光ホスピタリティカレッジ公開講座「温泉の活用法」	温泉エッセイスト	山崎まゆみ
	3月26日	パネルディスカッション「子どもの食育を考えよう～cupDON開発を通して変わった意識～」	コーディネーター：観光ホスピタリティ学科教授	白戸　洋
			パネラー：健康栄養学科教授	廣田直子
			パネラー：健康科学研究科専任講師	矢内和博
			パネラー：白戸ゼミの学生	
平成21年(2009)	5月22日	松本大学国際交流センター公開講座「チェコ共和国の文化と芸術」	チェコセンター東京所長	ペトル・ホリー
	6月20日	バリアフリー-ウィーク		
		①「キャンパスライフに介助犬が登場！～介助犬ってどんなことが出来るの？」	アジアワーキングドッグサポート協会代表	野地義行
	6月23日	②「目は見えない人のガイド」	国際視覚障害者援護協会理事長	山口和彦
	6月24日	③ ワーク・ショップ「左利きフリー」		
	6月26日	④「性同一性がい害から考えるバリアフリー」		
	6月26日	バリアフリーメッセージ「共に」を考える活動とは？	シャンティ国際ボランティア会	白鳥孝太
	6月22日	「自転車が繋ぐ世界～アフリカ自転車旅行から～」	コグウェイ／Follow the Woman 代表	山崎美緒
	9月14日	観光ホスピタリティカレッジ開講式「ホスピタリティをもう一度考えてみよう」	ザ・リッツ・カールトン・ホテル・カンパニー日本支社支社長	高野　登
	10月31日	長野県高等教育におけるキャリア教育と高大連携の可能性		
		第一部 基調講演「高等教育におけるキャリア教育の現状」	㈱ベネッセコーポレーション・ベネッセ教育研究開発センター特別顧問	髙田正規
		第二部 事例報告「長野県におけるキャリア教育の現状」	長野県教育委員会教学指導課・高校教育指導係指導主事	小林重喜
		「中野西高等学校におけるキャリア教育現状」	中野西高等学校教諭	寺島正浩
		「穂高商業高等学校における高大連携型キャリア教育の展開」	穂高商業高等学校教諭	小平紀分
		「松本大学松商短期大学部におけるキャリア教育の展開」	キャリアセンター長・松商短期大学部学部長	糸井重夫
		第三部 パネルディスカッション「長野県におけるキャリア教育の充実を目指して～長野県高等学校におけるキャリア教育の高大連携の可能性～」	コーディネーター：㈱コミュニケーションズ・アイ代表取締役・長野県教育委員	伊藤かおる
			パネラー： ㈱ベネッセコーポレーション・ベネッセ教育研究開発センター特別顧問	髙田正規
			中野西高等学校教諭 穂高商業高等学校教諭 諏訪実業高等学校学校長 松商短期大学部商学科学科長 総合司会：学生センター長・キャリアセンター課長	寺島正浩 小平紀文 大野　整 山添昌彦 青島金吾
	11月21日	松本大学創立10周年に向けての記念講演会「科学と現代社会」	2008年ノーベル物理学賞受賞・京都産業大学教授・理学博士	益川敏英
	11月28日	人間健康学部栄養学科 GP 特別講演会「フードコーディネートの実際～管理栄養士の新たな舞台～」	赤堀料理学園校長・日本フードコーディネーター協会副会長	赤堀博美
	12月5日	松本大学松商短期大学部—湘北短期大学相互点検・評価活動10周年記念フォーラム		
		第一部 対談「湘北短大－松商短大部の相互点検・評価活動の特色と現代的意義」	湘北短期大学前学長 松商短期大学部副学長	山田敏之 住吉廣行

年度	日付	テーマ	講師肩書等	講師氏名
	9月20日	まちの縁側づくり実践塾 「ファシリテーション入門講座」―会議が変われば地域が変わる！―	NPO 法人まちの縁側育み隊代表理事・愛知産業大学大学院教授	延藤安弘
	9月29日	公開講座「チーム医療における臨床栄養学の役割」	大阪府立成人病センター特別研究員	中島　弘
	12月1日	人間健康学部開学部記念講座		
		「これからの栄養士は、チーム医療のファシリテーター」	大阪府立成人病センター臨床検査課副部長	冨田晃司
			大阪府立成人病センター栄養管理室長	福田也寸子
	1月17日	2008新春対談「幸せづくりと平和」～幸せな未来を築くために大切なこと～	信濃毎日新聞社主筆	中馬清福
			松本大学学長	中野和朗
	2月26日	まちの縁側づくり実践塾第5弾		
		「活動を拡げるためのノウハウを学ぶ」	NPO 法人まちの縁側育み隊代表理事・愛知産業大学大学院教授	延籐安弘
	3月16日	「地域をつくるファシリテーション実践講座」 合意形式のトレーニング～まちづくりはものがたり発想から～	NPO 法人まちの縁側育み隊代表理事・愛知産業大学大学院教授	延籐安弘
	3月21日	観光ホスピタリティ公開講座		
		「世界のホスピタリティはどのように提供されるか～サービスを越える瞬間〈実例・実践編〉から学ぶ～」	ザ・リッツ・カールトン・ホテル・カンパニー日本支社支社長	高野　登
平成20年（2008）	5月22日	「これからの管理栄養士に期待するもの」	(社)日本栄養士会会長・神奈川県立保健福祉大学保健福祉学部長	中村丁次
	6月12日	バリアフリーシンポジウム「松本大学のバリアフリー現状と課題」	パネラー 観光ホスピタリティ学科長	佐藤博康
			総務課長	松田千壽子
			観光ホスピタリティ学科4年	冨井拓弥
			観光ホスピタリティ学科1年	大塚　明
			司会：観光ホスピタリティ学科教授	白戸　洋
	6月13日	バリアフリー・リレー講演①「医療に於けるホスピタリティ」	特定医療法人新生病院看護婦長	徳武秀子
	6月17日	バリアフリー・リレー講演②「車いすの旅人が行く！」	バリアフリー研究所主宰	木島英登
	6月18日	バリアフリー・リレー講演③「子供の貧困から考えるバリアフリー」	NGO・エクマットラ代表	渡辺大樹
	8月4日	韓国宮廷料理講演会「韓国宮廷料理の世界」	(社)宮中飲食研究院院長	韓　福麗
			人間健康学部助手	熊谷晶子
	8月19日	オープン・カレッジ「人にやる気・村に活気・地域づくり学会」 Part6		
		「集落自治から見えてくるもの～農村と都市との交流～」	飯田市上久堅	長谷部三弘
			飯田市下久堅	宮内博司
	11月15日	オープン・カレッジ「女性起業家に学ぶ～街おこし・村おこし・自分おこし～」Part5　パネルディスカッション『女性と起業』	コーディネーター：地域総合研究センター	今井朗子
		「今の私にできること～自分らしさを活かしたビジネス展開」	㈲フィルターインク代表	犬飼香織
		「起業から25年の農業～安全な食の提供をつづけて」	ブルーベリー・フィールド紀伊國屋代表取締役	岩田康子
		「『生涯現役を目指して』やさしさを力に　仕事があって有難う」	NPO 法人「和楽」代表	座光寺良子
	11月23日	特別講演会「エネルギーと環境問題」	明治大学工学部教授	北野　大
	11月30日	社会的就労フォーラム「フランス・かも～るハウス「在宅障がい者の一般雇用のあり方を考える」		
		【前半】「フランス・かも～るハウスによる一般雇用の挑戦」	コーディネーター：カスタムラボ代表	笹井俊一
			発言者：前共立学舎施設長	村山正彦
			発言者：南安曇農業高校教諭	木舩今朝夫
			発言者：長野県中小企業団体中央会中信事務所副所長	星野　憲
			発言者：観光ホスピタリティ学科4年	富井拓弥
		【後半】「モデル構築の提起～社会的就労組合の可能性」	観光ホスピタリティ学科准教授	尻無浜博幸
			人間健康学部助手	熊谷晶子
	3月12日	観光ホスピタリティカレッジ公開講座「絆が生まれる瞬間〈ホスピタリティの舞台づくり〉」	ザ・リッツ・カールトン・ホテル・カンパニー日本支社支社長	高野　登

年度	日付	テーマ	講師肩書等	講師氏名
	10月17日	松本大学公開講演会「妊娠中の栄養こそが次世代の健康をきめる」	早稲田大学胎生期エピジェネティックス制御研究所教授	福岡秀興
	11月6日	地域活性化シンポジウム「スポーツによる地域活性化と広域連合」	人間健康学部長	等々力賢治
	12月9日	教育支援 GP 公開講演会「食事摂取基準の考え方と活用」	お茶の水女子大学大学院教授	山本　茂
	2月24日	観光ホスピタリティカレッジ一般コース終了式特別講座「ホスピタリティとスポーツ」	スポーツキャスター	ヨーコ・ゼッター・ランド
	3月8日	松本大学学び直しシンポジウム NEXT 第1部 松本大学バリアフリー・アクション PRODUCE「アクセシブル・ツーリズムガイドブック in 台湾」制作発表 第2部 松本大学学び直しシンポジウム	パネリスト：協立福祉会教育担当司長 安曇野市社会福祉協議会地域福祉課 安曇総合病院精神科医師 コーディネーター：観光ホスピタリティ学科准教授	手塚健太郎 秦泉寺　孝 樋端祐樹 尻無浜博幸
	3月9日	学生支援 GP「地域づくりサミット」		
	3月19日	松本大学松商短期大学部GP フォーラム 第1部「メモ力育成を核とした単位制度実質化の取り組み—勉強する意味を考えよう！—」 特別講演「社会に出るまでに身に付けておきたい『学力』とは」	松商短期大学部商学科教授 法政大学教授	糸井重夫 尾木直樹
平成23年(2011)	9月2日	第1回 SD 研修会講演「大学情報の戦略的な公開と利用～PR と IR～」	法政大学常務理事	德安　彰
	9月15日	第2回 SD 研修会講演「あなたは大学職員になって良かったですか？」	学校法人実践女子学園理事長	井原　徹
	10月15日	大学院開設記念講演会「放射能汚染と健康障害」	日本疫学会理事長・鹿児島大学医学部医学科教授・医師	秋葉澄伯
	10月22日	大学祭第45回梓乃森祭講演会「自らの限界に挑む」	1998年長野五輪金メダリスト	清水宏保
		特別シンポジウム「～災害と向き合うための　Message～」		
		第1部　「地域は災害とどう向き合うか」	パネラー：松本市副市長	坪田明男
			パネラー：宮城クリニック医院長	宮城秀晃
			パネラー：石巻市立大街道小学校校長	佐藤文昭
			コーディネーター：総合経営学部長	木村晴壽
		第2部　「災害と向き合う若者たち」	早稲田大学社会学部4年・一般社団法人復興応援団プロジェクトコーディネーター	大屋敷武瑠
			早稲田大学大学院1年・NPO 法人 TEDIC 代表	門場　優
			千葉大学看護学部2年・被災者支援チーム CANNUS 東北統括リーダー補佐	塚田祐子
			スポーツ健康学科3年	竹内貴裕
			観光ホスピタリティ学科1年 コーディネーター：短大部経営情報学科2年	上條翔子 赤羽順子
	10月29日	教育支援 GP 公開講演会「食生活における機能性食品・健康食品とのつきあい方」	独立行政法人国立健康・栄養研究所情報センター長	梅垣敬三
	11月6日	松本大学来学記念講演会(松本バレーボール協会共催事業)「人類発展のために必要な体育の役割」	国際バレーボール連盟(FIVB)会長	魏　紀中(ウェイ・ジーツォン)
	11月19日	教育支援 GP 公開講演会「糖鎖を知る～病気の診断から治療まで～」	大阪大学名誉教授	谷口直之
	11月26日	教育支援 GP 公開講演会「野菜を食べると何故体に良いか？」	徳島大学大学院ヘルスバイオサイエンス研究部薬理学分野教授	玉置俊晃
	1月21日	教育支援 GP 公開講演会「今日の疫学の課題～特に地理疫学などについて」	埼玉県立大学学長	三浦宜彦
	1月28日	大学院開設記念講演会「健康長寿と暮らしやすい町」	JA 長野厚生連代表理事・理事長	盛岡正博
	3月10日	地域連携教育をめぐる評価・検証の研究会 検討会①「社会・大学からの評価をめぐって」(大学教育として社会・大学がどう評価するか)	岐阜経済大学専任講師・マイスター倶楽部副代表 京都附立大学地域連携センター長	梅木真寿郎 築山　崇

年度	日付	テーマ	講師肩書等	講師氏名
		第二部 シンポジウム「相互点検・評価活動が両校に果たした役割とその成果」	コーディネーター：松商短期大学部商学科長 経営情報学科長 パネリスト：湘北短期大学学生部長 教務部長 松商短期大学部長事務局長	山添昌彦 浜崎 央 黒崎真由美 佐藤清彦 糸井重夫 小倉宗彦
	12月17日	教育支援 GP 特別講演会「家庭と連携した食育の推進と栄養教論の役割」	元愛知県西尾市立寺津小学校校長	高橋正治
	1月21日	観光ホスピタリティカレッジ特別講座「食育のすすめ～大切なものを失った日本人～」	学校法人服部学園服部栄養専門学校理事長・校長	服部幸應
	1月23日	特別講演会「学生・行政とともに進める防災のまちづくり講演会」	東京大学大学院工学系研究科特任教授・工学博士・日本火災学会長	関沢 愛
	2月5日	教育支援 GP 特別講演会「環境ホルモン」問題の現状と今後の課題	東京大学大学院医学系研究科教授	遠山千春
	2月8日	人間健康学部栄養学科 GP 特別講演会・公開シンポジウム「土・農業・生命の循環から食を考える」		
		基調講演「生ごみはよみがえる～土をめぐる生命の循環～」	レインボープラン推進協議会委員	菅野芳秀
		パネルディスカッション「大人から学生へのメッセージ」	コーディネーター： 総合経営学部観光ホスピタリティ学科教授 パネリスト：レインボープラン推進協議会委員 新村地区くれき野生産組合組合長 同組合食育・有機米担当 筑北村立聖南中学校栄養教諭	白戸 洋 菅野芳秀 岩間克博 北原明夫 榛葉教子
	3月7日	松本大学学び直しシンポジウム NEXT「福祉改革という福祉実践」	話題提供者：長野県歯科医師会監事 山形村社会福祉協議会社会福祉士 ウィメンズサポート代表 指定討論者：企業組合カスタムラボ代表 松本市社会福祉協議会地域福祉担当係長 コメンテーター：長野県社会福祉士会副会長 コーディネーター： 観光ホスピタリティ学科准教授	村居正雄 田中雄一郎 六井洋子 笹井俊一 高田克彦 村岡 裕 尻無浜博幸
平成22年(2010)	4月10日	松本大学『地域づくりコーディネーター養成講座』公開講座		
		「協働コーディネーターの視点から」①	金沢大学大学院教授	世古一穂
	4月24日	「共感のファシリテーターの視点から」②	愛知産業大学教授	延藤安弘
	5月15日	「行政のファシリテーターの視点から」③	山形県農林水産部農村計画課地域づくりプランナー	高橋信博
	5月29日	「共感のマネージャーの視点から」④	V・マネージメント代表	松本修一
	5月15日	松本大学公開講演会「極限に生きる～人は一人では生きられない～」	(財)小野田自然塾理事長	小野田寛郎
	5月29日	松本大学後援会(保護者の会)主催講演会「今、地域スポーツが面白い」	人間健康学部学部長・教授	等々力賢治
	9月4日	教職センター開設5周年記念公開講演会「発達障害の子ども理解と対応の仕方」	国立成育医療研究センターこころの診療部発達心理科医長	宮尾益知
	9月11日	SD 研修会「教員の立場から見た『教職協働』」	立教大学文学部教授	佐々木一也
	9月22日	学生支援 GP フォーラム「地域と連携したひとづくりと大学教育～松本大学の地域活動紹介」		
		コース1 松本大学総合経営学部「社会活動」成果報告会		
		コース2「ゆめシアター」		
	9月23日	学生支援 GP フォーラム「地域と連携したひとづくりと大学教育」 第1部 シンポジウム「地域連携による教育をどう評価するか」 第2部 グループディスカッション(大学間の経験交流) 学生セッション・グループセッション	パネリスト：岐阜経済大学経済学部教授 東北公益文化大学公益学部教授 松本大学総合経営学部長 コーディネーター：観光ホスピタリティ学科長	鈴木 誠 伊東眞智子 木村晴壽 白戸 洋
	9月24日	FD 研修会「大学の実力とは」	読売新聞東京本社編集局生活情報部記者	松本美奈
	10月1日	教育支援 GP 公開講演会「2型糖尿病の病態と成因」	愛媛大学大学院教授	大澤春彦
	10月10日	松本大学講演会(松本大学学友会主催)「45歳のチャレンジ」	スケルトン・オリンピック代表	越 和宏

年度	日付	テーマ	講師肩書等	講師氏名
	10月20日	実践報告会	コーディネーター： 松商短期大学部商学科専任講師	福島明美
	11月5日	講演会「食の安全や食育をめぐる最近の課題」	農林水産省消費・安全局消費者情報官	道野英司
	12月14日	特別公開講演会「妊産婦の栄養・糖代謝異常妊娠と関連して」	東北大学病院産科長・特命教授	杉山　隆
	12月21日	特別講演会「オシッコのことで困っていませんか？」	東京大学大学院医学系研究科・コンチネンス医学講座特任教授	井川靖彦
	1月14日	シンポジウム「地域スポーツジャーナルと地域スポーツ」		
		報告Ⅰ「地域スポーツとしての総合型地域スポーツクラブ」	上田スポーツクラブミックス	荒川玲子
		報告Ⅱ「『信州野球専門誌ナインズ』と地域スポーツ」	長野スポーツマガジン㈱代表取締役・編集人	小池　剛
		報告Ⅲ「『長野体育ジャーナル』と地域スポーツ」	㈱長野体育ジャーナル代表取締役	武藤俊哉
		報告Ⅳ「『スポカラ』と地域スポーツ」	スポカラ制作委員会事務長	生田和憲
		報告Ⅴ「『ありがと！Nsports』と地域スポーツ」	Nsports 出版事業部編集長	久保田栄美
	1月16日	障がい者支援松本講座 パネルディスカッション「公民館の学びがつなぐ人・地域づくり」	コーディネーター： 観光ホスピタリティ学科教授	尻無浜博幸
			パネラー： 松本市新村公民館長	原田　裕
			ながわ山彩館施設長	一志千春
			笹賀福祉の街づくり推進委員会会長	太田尚行
			松本市島立公民館長	村山正彦
			松本松原公民館長	水谷直子
	2月6日	教育講演会 in 石巻「子供たちの心のケア」	スクールカウンセラー	古林康江
		第1部 講演「災害緊急支援について～松本大学東日本大震災支援プロジェクトチーム～」		
		第2部 講演「不登校への対応－長野県の経験を交えて－」		
	2月14日	講演会「アスリートから管理栄養士をめざして」	元陸上長距離選手	髙橋千恵美
		シンポジウム「長野県の総合型地域スポーツクラブとの協働」		
		講演「総合型地域スポーツクラブと大学との協働」	新潟医学福祉大学	西原康行
		報告Ⅰ「民間・大学・行政機関の三者連携協定後の展開」	人間健康学部スポーツ健康学科教授	吉田勝光
		報告Ⅱ「チャレンジゆう Achi」と龍谷大学との連携	チャレンジゆう Achi	園原健志
		報告Ⅲ「富士見地域スポーツクラブと大学との連携」		
		報告Ⅲ -1「総合型地域 SC の立場から」	富士見町地域 SC	葛城明美
		報告Ⅲ -2「実践報告－大学・指導教員の立場から－」	人間健康学部スポーツ健康学科専任講師	田邉愛子
		報告Ⅲ -3「実践報告－学生の立場から－」	スポーツ健康学科田邉研究室	ゼミナール生
	2月1日	公開講座「ローカルとグローバル」		
		第1回「中国留学を通して見えてきた水彩画の魅力」	中国芸術研究院芸術学部中国画学科博士	安藤美香
	2月10日	第2回「ローカルからのはじまり～東日本大震災支援活動の現状～」(大雪のため中止)	総合経営学部観光ホスピタリティ学科教授	尻無浜博幸
	2月15日	第3回「なぜ、スター選手は海外へ行くのか？」(大雪のため中止)	人間健康学部スポーツ健康学科教授	等々力賢治
	2月24日	第4回「キャリア教育からグローバル人材育成へ」	松商短期大学部商学科教授	糸井重夫
	3月1日	第5回「我が社のグローバル戦略と求める人材」	㈱イースタン代表取締役社長	中桐則昭
		シンポジウム「グローバル社会と大学教育」	パネラー：㈱イースタン代表取締役社長	中桐則昭
			パネラー：松本大学学長	住吉廣行
			コーディネーター：短期大学部教授	糸井重夫
	3月8日	第6回「グローバル化と長野県企業」	総合経営学部総合経営学科教授	兼村智也
	3月2日	フォーラム「若者と地域の方々が集い語り合う地域フォーラム」		
		地域活動講演会「まちをタノシム」	プロセスデザイナー・㈱わらびの代表取締役	畠中洋行
		テーマ別「ワールドカフェ」(学生企画)		
	3月13日	まちづくり事業・上土商店街振興組合活性化事業		
		「大正ロマンを学ぶ学習会」「大正ロマンの食文化」	料理研究家	久保香菜子

年度	日付	テーマ	講師肩書等	講師氏名
	3月11日	検討会②「個々の活動そのものに関する評価・検証」	東北公益文科大学大学院教授 東北公益分科大学准教授 日本福祉大学通信教育学部教授 立命館大学産業社会学部准教授 松本大学学長代行 総合経営学部長・教授 総合経営学科教授 観光ホスピタリティ学科長・教授 観光ホスピタリティ学科准教授 健康栄養学科専任講師	伊藤眞知子 武田真理子 雨森孝悦 影井　充 住吉廣行 木村晴壽 林　昌孝 白戸　洋 尻無浜博幸 矢内和博
	3月25日	「東日本大震災心の支援研修会」 「～大震災から1年、緊急時に求められる専門的支援を考える～」 午前の部・講演「地域の人びとに寄り添い、共に歩んだ1年間～精神科医としての経験から伝えたいこと～」 午後の部・シンポジウム「専門性を活かせる支援と事前対応について」	宮城クリニック院長・精神科医師 シンポジスト： 宮城クリニック院長・精神科医師 穂高東中学校校長 中信松本病院小児科医長 松本保健所補佐・保健師	宮城秀晃 宮城秀晃 太田壽久 石田修一 伊藤有子
平成24年（2012）	6月2日	平成24年度松本大学後援会講演会「東日本大震災ボランティアの本学の取り組み」	観光ホスピタリティ学科准教授	尻無浜博幸
	7月28日	松本大学創立10周年･松本大学松商短期大学部創立60周年記念事業･日韓サイエンス交流事業講演会 第一部特別講演会「やれば、できる。」	2002年ノーベル物理学賞受賞者･東京大学特別栄誉教授･公益財団法人平成基礎科学財団理事長	小柴昌俊
		第二部「日韓高校生科学研究交流発表・討論会」	コメンテーター： 東京大学大学院理学系研究科教授 首都大学東京大学院理工学研究科教授	駒宮幸男 住吉孝行
	10月7日	松本大学創立10周年･松本大学松商短期大学部創立60周年記念講演会「小惑星探査機『はやぶさ』が見せた日本力」	独立行政法人宇宙航空研究開発機構シニアフォロー･宇宙科学研究所宇宙飛翔工学研究系教授	川口淳一郎
	10月21日	松本大学大学祭第46回梓乃森祭講演会･サッカー教室「サッカー指導者へのメッセージ」	静岡学園サッカー部総監督	井田勝通
	11月1日	公開講座「21世紀の長野県を展望する」		
		第1回「家食(いえしょく)パラダイス～『食べること』と『健康づくり、地域づくり』との素敵な関係」	大学院健康科学研究科･健康栄養学科教授	廣田直子
	11月8日	第2回「シニアの資産運用」	松商短期大学部経営情報学科教授	藤波大三郎
	11月15日	第3回「効果的な健康運動実践法～人生はピンピン☆きらり」	大学院健康科学研究科・スポーツ健康学科准教授	根本賢一
	11月22日	第4回「これからの観光まちづくりを活かす5つの戦略」	総合経営学部観光ホスピタリティ学科教授	山根宏文
	11月29日	第5回「長野県産業の未来」	総合経営学部総合経営学科教授	太田　勉
	12月6日	第6回「大学生の基礎学力の現状と小中高における教育のあり方」	福岡大学･昭和大学客員教授･日本リメディアル教育学会ファウンダー	小野　博
	12月13日	第7回「転換期の日本経済とキャリア教育」	松商短期大学部商学科教授	糸井重夫
	12月20日	第8回「好奇心を育む大学教育」	松本大学･松本大学松商短期大学部学長	住吉廣行
	2月18日	松本大学人間健康学部特別講演会「ハードルを越える」	一般社団法人アスリートソサエティ代表	為末　大
		パネルディスカッション「為末大氏を囲んでの意見交換会」	コーディネーター人間健康学部部長	等々力賢治
	2月19日	松本大学人間健康学部講演会「大学と総合型地域スポーツクラブ」	愛媛大学教育学部教授	堺　賢治
平成25年（2013）	6月1日	平成25年度後援会総会講演会「色を楽しむ」	松商短期大学部商学科准教授	金子能呼
	5月25日	コーディネーター養成講座		
		実践講座2「実践活動での課題把握と分析･ラウンドテーブル1」	松商短期大学部商学科専任講師	福島明美
	6月22日	実践講座3「ラウンドテーブル2」	松商短期大学部商学科専任講師	福島明美
	7月20日	実践講座4『活動のふりかえり･自己点検評価」	松商短期大学部商学科専任講師	福島明美
		「最終レポートの書き方のポイント」	松商短期大学部商学科准教授	廣瀬　豊
	9月23日	審査会「地域づくりコーディネーター実践報告」	審査員： 人間健康学部スポーツ健康学科教授 松商短期大学部商学科准教授 松商短期人学部商学科専任講師	等々力賢治 廣瀬　豊 福島明美

氏名	専門分野	役職（H14～26）	松本大学配属			松商短期大学部配属	
			専任教員	助手	嘱託専任・再任用	専任教員	嘱託専任
川島　均	運動生理学、神経科学					H19～	
木内　義勝	情報社会論、地域社会論、コミュニケーション	短部長 H18～19				H13～20	
木下　貴博	財務会計					H21～	
木藤　伸夫	微生物学		研 H26～				
木村　晴壽	日本経済史、日本経営史	総学科長 H16～17 総学部長 H18～25	総 H14～			H3～13	
熊谷　麻紀	外科系看護、救命救急処置			ス H26～			
熊谷　晶子	公衆栄養、地域栄養、健康増進活動、栄養政策			健 H19～21			
腰原　哲朗	日本近代文学	商学科長 H14～18				H12～18	
小西　香苗	公衆栄養学、公衆衛生学、疫学		健 H22～25				
小林　俊一	数理情報学、自然言語処理		総 H14～				
小林　輝行	教育学、日本教育史、教師教育		総 H16～25				
小松　茂美	陸上競技、体育管理学				ス H26		
小松　昌久	理学療法、身体障害者スポーツ、小児リハビリテーション		ス H19～20				
斉藤　金司	日本近代文学				総 H18		H16～17
齊藤　茂	スポーツ心理学		ス H19～				
酒井　秋男	環境生理学、高地医学、運動生理学		ス H19		ス H20～22 研 H23～24		
佐久　信雄	体育科教育学、柔道指導論				H21～25		
佐藤　哲郎	地域福祉、評価、社会福祉協議会活動		観 H23～				
佐藤　進	国際金融・外国為替論、国際教育論					H15～18	
佐藤　博康	国際観光、国際理解、エコツーリズム	観学科長 H18～H21	総 H15～17 観 H18～26				
重泉　良徳	企業監査、経営分析		総 H16～17			H14～15	
篠原由美子	図書館情報学	商学科長 H26～				H18～	
津田(清水)聡子	マーケティング		総 H15～			H8～14	
白戸　洋	地域社会、NPO	観学科長 H22～25	総 H14～17 観 H18～			H11～13	
尻無浜博幸	障がい者雇用、国際福祉		観 H18～				
進藤　政臣	内科学、神経内科学、臨床神経生理学、運動制御		健 H21～22 研 H23～25		研 H26～		
杉山　英男	衛生・公衆衛生学、放射線衛生学、環境・食品衛生化学		研 H25～26				
鈴木　進一	企業監査、経営分析		総 H16～17			H14～15	
鈴木　尚通	情報処理、物理学	総学科長 H18	総 H15～24			S59～H14	
成　者政	アグリビジネス経済学、理論経済学、情報経済論		総 H15～				
征矢野達彦	国語科教育学、道徳教育				ス H25～		
髙木　勝広	食品化学、分子生物学、酵素化学、応用微生物学		健 H19～				
高橋　雅夫	行政法		総 H14～17				

松本大学・松本大学松商短期大学部の教員在籍期間（学長・副学長のほかは50音順）

氏名	専門分野	役職（H14～26）	松本大学配属			松商短期大学部配属	
			専任教員	助手	嘱託専任・再任用	専任教員	嘱託専任
中野　和朗	ドイツ文学、比較文学	学長 H14～19	総 H14～19			H11～13	
菴谷　利夫		学長 H21～22					
住吉　廣行	理論物理、大学教育、社会システム工学	経情学科長 H14～15 副学長 H16～19 H21～22 学長代行 H20,H23 学長 H24～	ス H19～			S61～H18	
小倉　宗彦		副学長 H19～20					
浅川　良雄	教育言語学、英語学、英語音声学、英語教育学		総 H14～17				
浅野　公介	生化学、分子生物学			健 H20～			
飯塚　徹	民事法、金融法、企業経営、地域経営					H21～	
庵　豊	マーケッティング理論		観 H18～19				
石井　房枝	心理学		総 H17～18 健 H19～25			H16	
石澤美代子	栄養教養、教材開発			健 H26～			
土田（石原）三妃	調理科学		健 H19～				
石山　宏	会計学					H19～20	
糸井　重夫	経済学、金融論、経済法、教育経済学	短部長 H20～21 商学科長 H22～25				H8～	
伊藤　由子	比較文化		健 H19～				
犬飼己紀子	レジャー・レクリエーション学、人間関係学	ス学科長 H21～22, H26	ス H19～				
今井浩太郎	教育学（社会科）						H16～17
岩間　英明	体育科教育学		ス H19～				
上野　隆幸	人的資源管理、人事管理		総 H14～				
江原　孝史	病理学		ス H24 研 H24～				
大石　文朗	言語社会学、言語文化教育・異文化理解		観 H24～				
大窄　貴史	学校健康教育		ス H21～26				
太田　勉	金融論、中央銀行論	総学科長 H24～25	総 H16～				
大森　恵美	スポーツ栄養マネジメント、栄養教育			健 H19～			
沖嶋　直子	栄養学、生化学		健 H19～				
小澤　岳志	ブライダル						H19～
呉　泰雄	スポーツ栄養学、スポーツ生理学、スポーツ生化学		ス H19～22 研 H23～				
オリバー・カーター	言語習得法						H16～
葛西　和廣	経営戦略、経営組織	総学科長 H22～23	総 H16～			H15	
門川由紀江	基礎看護学、看護管理、学校の看護		ス H20～23				
金子　能呼	農業経済学、花き流通論、マーケティング戦略					H19～	
兼村　智也	中小企業論、国際経営論		総 H15～				
川島　一夫	発達心理学、生徒指導				総 H25～		

氏名	専門分野	役職（H14～26）	松本大学配属			松商短期大学部配属	
			専任教員	助手	嘱託専任・再任用	専任教員	嘱託専任
福島　明美	地域社会、ボランティア学習、福祉教育					H23~26	H18~22
クローチェ福島智子	社会学		健 H19~			H18	
藤枝　充子	家庭教育史		ス H26~				
藤岡由美子	臨床栄養学		健 H19~				
藤波大三郎	金融論、資産運用論	経情学科長 H24～				H20~	
船越　克巳	トータル・マネージメントシステム		総 H14~18				
發地　雅夫	病理学	人学部長 H19～20	健 H19~21				
増尾　均	民法、商法	観学科長 H26～	総 H14~17 観 H18~			H13	
益山代利子	ホスピタリティ、観光マーケティング		総 H17 観 H18~				
眞次　宏典	憲法		観 H18~				
松原　健二	英語圏文化論、言語文化論					S62~	
松本　浩志	経済学、国際経済学、応用ソフト					S62~H14	
水野　尚子	健康栄養教育、スポーツ栄養			健 H19~			
峯岸　芳夫	代数学					H16~20	
三村　芳和	内分泌学、低酸素生理学、外科侵襲学、外科栄養学	研究科長 H25～26	ス H22 研 H23~26				
三室　孝之	金融システム					H13~19	
村松　宰	公衆衛生学、栄養統計学、生物統計学	健学科長 H19～22 研究科長 H23～24	健 H19~22 研 H23~24				
室谷　心	理論物理学・数値計算	総学部長 H26～	総 H18~				
森田　京子	英文学					H14	
八木　雅子	マナー、ホスピタリティ、接遇		観 H18~				
矢崎　久	精神保健・臨床心理学	総学科長 H26～	観 H18 ス H19 総 H20~				
矢内　和博	食品工学、食品加工・貯蔵学、調理科学、食品学		健 H19~				
柳澤　聡子	建築環境学、都市環境工学		総 H16~17 観 H18				
矢野口　聡	経営情報学					H16~	
山浦　寿	日本史学、教育学		総18~19			H17, H20~21	
山添　昌彦	制度会計、コンピュータ会計	商学科長 H20～21 短部長 H22～				S63~	
山田　一哉	生化学、分子生物学、内分泌代謝学		健 H19~22 研 H23~				
山根　宏文	観光産業、観光企画、芸術振興		総 H15~17 観 H18~				
山本真知子	商法		総 H14~17				
吉田　勝光	スポーツ法学、スポーツ行政・政策	ス学科長 H23～25	ス H19~25				
寄藤　晶子	社会地理学、文化地理学、ジェンダー学		観 H18~25				

氏名	専門分野	役職（H14～26）	松本大学配属			松商短期大学部配属	
			専任教員	助手	嘱託専任・再任用	専任教員	嘱託専任
竹内　信江	栄養学			健 H19～26			
竹村ひとみ	食品栄養科学			健 H19～23			
多田　尚令	現代絵画						H18～22
建石　繁明	農学		総 H14～17			H12～13	
田中　浩	会計学		総 H14～			H6～13	
田中　正敏	経営科学、マーケティング・サイエンス		総 H18～				
百瀬(田邉)愛子	健康づくり、スポーツ医学		ス H21～				
一寸木俊昭	経営学	総学部長 H14～17	総 H14～17			H12～13	
等々力賢治	スポーツビジネス論、スポーツ社会学、現代スポーツ論	ス学科長 H19～20 人学部長 H21～	ス H19～				
中垣　和男	会計学					S44～H18	
藤村(中澤)朋代	環境教育、自然体験活動		観 H18～				
長島　正浩	財務会計論、社会法					H21～26	
中島　弘毅	リクリエーション学、スポーツ社会学、運動とエピジエネティクス		総 H14～18 ス H19～				
中島　節子	地域看護学、健康づくり		ス H25～	ス H19～24			
中島美千代	給食管理		健 H20～24				
中田　和子	英米文学、アテンド通訳				総 H18～22		H16～17
仲間　秀典	公衆衛生学		総 H14～20				
堀尾(中村)純子	日本語教育、社会言語学					H18～	H17
中山　文子	臨床心理学					H18～	H18
成瀬　祐子	給食管理		健 H25～				
西田　美佐	ヘルスプロモーション、公衆栄養学、国際栄養学		健 H20～21		健 H22		
仁科　惇	美術史					H12～14	
根本　賢一	健康教育学、スポーツ医学		ス H19～22 研 H23～			H17～18	
野坂　徹	太陽圏物理学、惑星間空間物理学					H3～16	H17～
萩原　寿郎	法学		H20～21		H18～19		H16～17
硲野佐也香	栄養管理学			健 H22～			
畑井　治文	人的資源管理、労働問題、キャリア開発		総 H18～19 観 H20～				
羽石　歩美	分子生物学			健 H20～			
花岡佐喜子	公衆栄養学				健 H26～		
浜崎　央	高エネルギー物理学	経情学科長 H20～23				H13～	
林　昌孝	経営工学・OR		総 H14～			H4～13	
廣瀬　豊	ソーシャルワーク方法論					H18～	
廣田　直子	栄養・健康教育、栄養・食事調査、食育	健学科長 H23～	総 H18 健 H19～23 研 H24～				
百武　愛子	公衆栄養学			健 H23～25			

	役職（H14〜））		松本大学所属			松商短期大学部所属			松商学園・秀峰(松南)所属
	事務長・局長・次長など	課長・室長・センター長	専任職員	再任用	嘱託専任	専任職員	再任用	嘱託専任	専任職員
田嶋　哲也			H25〜		H24				
赤尾(田中)亜希						H13〜22			H23〜
田中　雅俊						H15〜			
田巻　武史			H24〜						
北野(中牧)沙夜香			H16〜						
中田　補子			H24〜25	H26〜		S49〜59			S60〜H23
石田(中野)恵						H4〜15			
中村　文重		企広 H15〜24　兼法広情 H22〜24 入広 H25〜				H15〜24	H25〜		
中村　高士			H14〜			H12〜13			
中村　礼二			H22〜						H16〜21
西澤　芳浩						H19〜			
二宮　至			H19〜22						
樋口　幸恵						H3〜14			
福島　明美					H17				
松尾　淳彦		総 H22〜24 情 H25〜 セ H25〜	H14〜						
松澤　久由			H18〜						
松島　大樹						H25〜			H19〜24
松田千壽子		総 H14〜21	H14〜21	H22〜26		S45〜H13			
丸山　勝弘		キャリ H22〜24 教 H25〜				H11〜			
丸山　正樹		学 H23〜				H23〜			S55〜H22
宮坂　佳典			H21〜						
百瀬　貴之			H26〜						H9〜25
石川(山本)由紀			H20〜						
横山　文博		法経 H14〜22 法人 H23〜25 法人・経 H26〜				H14〜			S54〜H13
脇本　澄子			H22〜		H21				

※役職の略記は次のとおり
事：事務長、大局：大学事務局長、法局：法人事務局長、次：大学事務局次長、総：総務課長、法人：法人人事課長、法経：法人経理課長、法人・経：法人人事課長兼法人経理課長、管：管理課長、会計：会計課長、教：教務課長、就：就職課長、キャリ：キャリアセンター課長、学：学生課長、入広：入試広報室長、企広：企画広報室長、情：情報センター課長、法広情：法人広報情報課長、セ：学生センター長

松本大学・松本大学松商短期大学部の専任職員在籍期間

（局長のほかは50音順）

	役職（H14～））		松本大学所属			松商短期大学部所属			松商学園・秀峰(松南)所属
	事務長・局長・次長など	課長・室長・センター長	専任職員	再任用	嘱託専任	専任職員	再任用	嘱託専任	専任職員
小倉　宗彦	事 H14～15 大局 H16～26 法局代 H26		H14～24	H25～26		S53～H13			
高橋　慈夫	法局 H19～26								H19～26
那須　誠	法局 H14～18					S52～H10	H11～18		S32～51
青島　金吾		就・キャリ H14～21 セ H20～21	H14～19			S56～H13			H22～
赤羽　研太			H14～			H11～13			
赤羽　雄次		法経 H23～25	H22～25						H12～21 H26
飯澤　裕美					H26～				
石川　恵美			H22～						H1～21
伊藤　健						H15～			
今井　徳英					H24～				
臼井　健司		学 H18～22 管 H23～26	H18～						
大塚喜代美			H23～						
浜崎(片庭)美咲			H17～						
上條　直哉			H20～						
神谷　克江			H14～24			H4～13			
亀田　正雄		学 H14～17	H14～17			H12～13			H9～12
柄山　敏子					H26～				
小池以津美						H3～			
小島(小出)恵子		会 H14 教 H16～20	H14～20	H21～24		S45～H13			
青島(塩原)千史			H14～			S62～H13			
柴田　幸一	次26	教 H21～24 セ H22～24 総 H25～26	H20～						
清水　康司		情 H21～24 キャリ H25～26	H14～26			H4～13			
白澤　聖樹			H19～			H12～18			
関　翔太郎						H24～			
滝澤　毅			H18～						

編集覚え書き

松本大学については、これまで松本大学松商短期大学部が平成一六年（二〇〇四）に発行した創立五〇周年記念誌『出発《たびだち》への軌跡』があって、その「編集後記」には次のようにある。

「記念誌（史）に類するものは、企業をはじめとして無数に出版されている。そうした世相の中で特色ある有意義な刊行を志すことは骨のおれることであった。少子化、犯罪の低年齢化なで、戦後のマスプロ的な教育の転換期ともいえる昨今である。したがって、たんなるスーベニールsouvenir（回想）に終わるのではなく、教育文化のモデルニテmodemite（現代性）ともいえる意味あいをこめて編集につとめた。そうした気配をすこしでもくみ取って頂けるならば幸せである」。

それから一〇年間つねに募集定員を超える学生が集まり、教育の実を挙げつつある。そこにいたる困難な努力の跡を記録し、評価の視点を確認することは意味あることと考え、関係者の一人として編集・校正にかかわることになった。

多くの人が親しみやすいように写真を多くし、一〇周年に間にあうように企画したが、時あたかも不自然にくすぶり続けた県立大学開設の話（構想でなく）がもちあがった昨今、感情移入しやすい写真映像だけでなく、やはり論理的に説得力をもつ言葉による資料説明が重要と考え、多くの執筆者によったので刊行が遅れることになった。

編集打ち合わせ会も県立大学問題にゆれて時間がとれず、したがって正史か外史か、あいまいな面もあるが、教育史料として活用できたらと念願するものである。

元松本大学松商短期大学部教授　腰原哲朗

あとがき——お礼にかえて

松本大学創立一〇周年を記念して、来し方を振り返りながら行く末を考えるために、その活動をまとめようと計画してから丸二年が経過してしまった。本書のタイトルは「松本大学の挑戦—開学から10年の歩み—」とさせていただいたのであるが、遅れた二年分を補足できるところは足すようにしている。

すでに本学を退職されている、当時主要部署に就かれていた先生方にも執筆していただいた。多くの先生方には、快くお引き受けいただいた上に、提出期限を厳守していただき誠にありがたくここにお礼申し上げたい。しかしながら、本学を取り巻く大学経営の環境には厳しいものがあるなかで、急遽対応を余儀なくされた事案などが発生したこともあり、現職の教員の提出状況が芳しくなく、発刊が大幅に遅れてしまった。「発刊はまだですか？」と、何度か問い合わせをいただいており、機敏な対応がとれなかったことを、深くお詫び申し上げたい。

さて、本書は二部構成になっており、各部それぞれ五章で構成されている。それぞれの項目からは、地域の皆様の協力の重要性が認識できる。また、執筆にあたった教職員の深い思いも表現されている。総頁数の制約から、短くまとまっているが、自由にお任せしていれば、延々と書き続けても未だ筆をおけなかったのではないかと想像している。

また、こんなことも記録しておきたかったというテーマも、一〇年の中には数多くあったと思うが、これも紙幅の関係で省かれてしまっているのではないかと思う。

しかしそれにもかかわらず、本書には設立に関わってくださった方々や地域の方々の松本大学への思いや、教職員の前向きな意欲、ひょっとすれば野心ともいえる表現が随所に見られる。こうした教職員や関係者の並々ならぬ取り組みが、開学以来収容定員を割ることなく、無事運営できているどころか、今では地方・小規模・私立大学の、全国的なモデル校の一翼を担える地点にまでに到達しているのではないかと確信している。

こうした松本大学の開学前からの軌跡を、本書でたどっていただければ、今日の松本大学の姿がどのように形成されてきたのか、そのエッセンスをすくい取っていただけるのではないかと思う。この意味で「開学から10年の歩み」というサブタイトルが付けられているのである。本書を単に過去を振り返る記録集に留めることなく、次の一〇年への新たな取り組みへの糧として利用したいと考えている。

今回、本誌の編集には、私の他に小倉宗彦事務局長、職員の松田千壽子氏、それに腰原哲朗前松商短期大学部商学科長が当たった。松田さんの、退任を前にして教員からの聞き書きなど、執念とも言える追い込みには頭が下がる思いであった。前半では腰原哲朗先生、先生が病に伏された後の後半では編集者の浜野安則氏の、これまた精力的な活動がなければ、未だに発刊に至っていなかったであろう。こうした編集者の活動を評価していただき、辛抱強くお待ちくださった日本ハイコム㈱の所隆志さんには、記して感謝の意を表したい。

最後に来し方を振り返ってみて、松本大学が今日を迎えることができたのは、「地域から学生を迎え、地域で育て、地域へ戻す」の本学の教育方針にご賛同いただいた地域の皆様の教育力・ご協力の賜物と、改めて痛感した。ここに、心中よりお礼申し上げるとともに、これからもさらなるお力添えをお願いしつつ、「地域と共に育つ大学」として教職員一同協力して、チャレンジ精神を胸に歩み続けて行く覚悟を新たにしたしだいである。

松本大学学長　住吉廣行

執筆者一覧

第Ⅰ部　執筆者（掲載順）

高橋慈夫　元松本市企画室長、現学校法人松商学園常任理事・法人事務局長
中野和朗　松本大学初代学長
一寸木俊昭　総合経営学部初代学部長
那須　誠　前学校法人松商学園事務局長
（故）深澤太郎　前学校法人松商学園理事長
岩原正典　元松本大学設置準備室長
小林浩之　元松本大学設置準備室、松本市職員
横山公一　松本大学同窓会会長

第Ⅱ部　執筆分担（50音順）※肩書は現在の役職、執筆時の役職の順。

石澤美代子　人間健康学部健康栄養学科助手、前地域健康支援ステーション専任スタッフ・管理栄養士
岩間英明　人間健康学部スポーツ健康学科准教授、女子ソフトボール部部長
臼井健司　管理課長
小倉宗彦　初代大学事務局長
木村晴壽　総合経営学部総合経営学科教授、前総合経営学部長・野球部初代部長
小林輝行　前総合経営学部総合経営学科教授、初代教職センター長
佐藤博康　総合経営学部観光ホスピタリティ学科教授、前観光ホスピタリティ学科長
柴田幸一　総務課長、初代学生センター長・前教務課長
清水康司　キャリアセンター課長、前情報センター課長
白戸　洋　総合経営学部観光ホスピタリティ学科教授、前観光ホスピタリティ学科長
尻無浜博幸　総合経営学部観光ホスピタリティ学科教授、東日本大震災災害支援プロジェクト
住吉廣行　学長
中村文重　入試広報室長、初代企画広報室長
根本賢一　大学院健康科学研究科教授、人間健康学部スポーツ健康学科教授
福島明美　松本大学松商短期大学部専任講師、地域づくり考房『ゆめ』担当
松田千壽子　再任用職員、初代総務課長・松本大学出版会・地域総合研究センター事務局
丸山勝弘　教務課長、前キャリアセンター課長
丸山正樹　学生課長
山添昌彦　松本大学松商短期大学部部長、高大連携責任者

松本大学の挑戦—開学から10年の歩み—

平成二七年(二〇一五)三月三一日　初版第一刷発行
定価　一五〇〇円+税

編　者　松本大学創立10周年記念誌編集委員会
発行者　住吉廣行
発行所　松本大学出版会
〒三九〇-一二九五
長野県松本市新村二〇九五-一
TEL　〇二六三-四八-七二〇〇(代)
FAX　〇二六三-四八-七二九〇
http://www.matsumoto-u.ac.jp
印刷・製本　日本ハイコム株式会社

ISBN978-4-902915-22-8